OSIFU

偈子集

结集于 2013 年 12 月 30 日

OSIFU
偈子集

iUniverse books may be ordered through booksellers or by contacting:

iUniverse LLC
1663 Liberty Drive
Bloomington, IN 47403
www.iuniverse.com
1-800-Authors (1-800-288-4677)

ISBN: 978-1-4917-3720-0 (sc)
ISBN: 978-1-4917-3721-7 (e)

Library of Congress Control Number: 2014911457

Printed in the United States of America.

iUniverse rev. date: 06/23/2014

○十大愿

○大愿：　成就祥和宇宙。

○大愿：　成就平衡宇宙。

○大愿：　成就圆满宇宙。

○大愿：　亿灵圆满回归。

○大愿：　亿灵圆满归源。

○大愿：　亿灵圆满规律。

○大愿：　不遗一灵。

○大愿：　大救度、大同修、大回归。

○大愿：　永做行者。顺道而行，顺应宇宙规律而行，顺
　　　　　应自然法则而行，顺应科学而行，演众妙法，
　　　　　造福苍生，普济亿灵。

○大愿：　游化十方，随缘示现。无名无姓，无始无终。
　　　　　无教无宗、无门无派。圆融圆通，无二无别。
　　　　　慈悲奉献，光爱一切……

此乃○十大愿，人天共鉴，佛圣同明，日日践行，时时精
　　勤。愿佛护念，天地为证。

2011-06-19　　07:24:45

2

〇真言

从〇开始，　　复归于〇。　　无我无为，　　顺道而行。
造福苍生，　　普济亿灵。　　大道自然，　　无为清净。
亿灵同根，　　亿灵同心。　　同波同频，　　回归宙心。
密钥在心，　　正诚善净。　　瓜熟蒂落，　　水到渠成。
天赋使命，　　度脱众生。　　天上人间，　　大道践行。
心系使命，　　引领亿灵。　　断恶修善，　　净心修真。
净心念佛，　　明觉空灵。　　回心向善，　　亿灵超升。
回心向佛，　　亿灵归心。　　发菩提心，　　勇猛精进。
行菩萨道，　　苦海度亲。　　效法释迦，　　化导沉沦。
以身演道，　　唤醒痴冥。　　正法大道，　　直指归心。
密中密法，　　净化提升。　　尽心尽力，　　不遗一灵。
遵纪守法，　　模范德行。　　爱国爱民，　　奉献丹心。
和谐社会，　　共愿太平。　　有道有德，　　觉而奉行。

上报四恩，下济亿灵。

2011-09-03　07:10:42

3

朝天门赞

红尘滚滚路漫漫，　　五欲六尘迷心眼。
六神无主业力牵，　　苦海茫茫无有边。
净土极乐天外天，　　天门大开接善缘。
法船人间皆走遍，　　奈何无缘不上船。
殷勤劝嘱诸良善，　　看破放下码头站。
机缘到时登度船，　　同归净土真家园。

2008-09-29　09:36

净心精舍颂

净心精舍住虚空，　　霞光万丈日月明。
诸佛菩萨居其中，　　天龙八部数无穷。
法鼓一响天地动，　　惊醒亿灵春秋梦。
一切有为转眼空，　　无我无求心不动。
诸恶莫作众善行，　　佛光普照心地净。
证体启用度众生，　　度尽有缘功果成。

2008-09-30　15:07

真智慧

秋风秋雨得清凉，
红叶一脉心自香。
无我无求常惭愧，
心无挂碍真智慧。

2008-10-03

一枝秀

青云直上重霄九，
切莫一步一回头。
心无挂碍精进修，
火中生莲一枝秀。
2008-10-07

自性光

无量光明光无量，
心地清净自放光。
妙手推开自心窗，
佛光普照自性光。
2008-10-08

离凡尘

飞龙在天任驰骋，
奈何不能出水云。
云尽水枯现金鳞，
灵光独耀离凡尘。
2008-10-09

不观云

至心念佛心至诚，
一心向佛自精勤。
被褐怀玉坐空城，
不观日头不观云。
2008-10-09

在娑婆

我念佛时佛念我，
我度人时人度我。
无我无妄道自得，
庄严净土在娑婆。
2008-10-10
缘起：上午走在上班的路上，
忆念弥陀，有感而作。

钱财偈

财神公明真可叹，手握钱财惹人羡。
若能人人皆满愿，因缘果报怎体现？
断恶修善福无边，净心修道出尘寰。
极乐净土无须钱，清净自在法喜满。
2008-10-14

接有缘

业海茫茫苦无边，众生沉沦受熬煎。
妄想执著邪迷染，千古暗室不见天。
苦海常有渡人船，众生心迷眼不见。
心净身净道心坚，清净自在登彼岸。
度己度人大乘愿，自觉觉他诸佛赞。
西天化来无底船，迷津浩渺接有缘。
2008-10-24
缘起：上午走在上班路上，观世人皆为名利奔波，
不求出离，忆念弥陀本愿，有感而作。

始有你

勇猛精进虎生翼，渐悟妙义有次第。
理事实证靠自己，不动于心最第一。
若能启用度痴迷，菩提树下始有你。

2008-10-28　09:13

非等闲

穿衣吃饭非等闲，
离了佛性也枉然。
搬柴运水功夫绵，
管它西天和东天。

2008-11-28

修心偈

一颗心，	佛一尊。	如明镜，	亦空灵。
步莫停，	勤精进。	自心净，	明佛性。
启妙用，	济亿灵。	修大道，	心中心。
本是佛，	人有份。	不知道，	故修真。
既知道，	菩萨行。	不知道，	六道行。
既知道，	无佛身。	道道道，	本空灵。
既空灵，	何处寻。	放光明，	亦非真。
真心话，	已说尽。	生死关，	无言论。

2009-01-09

缘起：昨日下午3：30和一位同修交流，回答她的提问，很奇妙，出来的都是三个字，每三个字回答一个问题，把答案连起来，自然成一段修心偈。

九字偈

修净心
净心修
心修净
2009-01-21

缘起：有一位同修，问：能否写一个偈语，横念、竖念、正念、反念，交叉念都通顺，且都合佛法？是一个难题，吾勉强写了以上九字偈。

归本原

随缘结缘不攀缘，
一体同观心相连。
同心同德同修炼，
去妄存真归本原。
2009-02-07

解真味

冰清玉洁满天飞，
来于云水归云水。
云尽水枯复阿谁？
般若重重解真味。
2009-03-13

具万能

吾心佛心本一心，
无尘之时证空灵。
空灵亦非假明镜，
性空妙有具万能。
2009-03-23上午

移莲步

做个好人是基础，
不出六道怎离苦。
无我无妄菩提悟，
五浊恶世移莲步。
2009-03-23 上午。

仗剑行

常闻海潮音，
心系紫竹林。
无我即证真，
娑婆仗剑行。
2009-03-25

葫芦提

古佛慈悲泪如雨，
奈何儿女心自闭。
五欲六尘迷迷迷，
妄想执着愚愚愚。
万望早醒早修积，
切莫再作葫芦提。
2009-04-03

能登第

〇师给你授记，
证果还靠自己。
勇猛精进不息，
圆满才能登第。
2009-04-09　10:47

种莲花

多谢佛菩萨，
〇师本虚化。
无我亦无他，
随缘种莲花。
2009-04-09　10:54

落虚妄

明师在旁是依仗，
脚踏实地走稳当。
不可著相太张狂，
不升反降落虚妄。
2009-04-13　11:20

定显现

静观其变，　不可妄谈。
天机运转，　顺其自然。
机缘一到，　定然显现。
2009-04-14

心自安

心中有数不慌乱，　风急浪高船上站。
随师办道广结缘，　度尽有缘功果圆。
有缘岂止万万千，　网络接引打前站。
天罗地网无有边，　浪里淘金捞上船。
真金必须火来炼，　烈火之中生金莲。
五欲六尘皆考验，　名闻利养亦磨难。
考验磨难重重关，　过关才能归真元。
神佛慈悲再指点，　净心归真心自安。

2009-04-14

缘起：回答弟子提问时自然形成的偈语。

把家还

一切有为皆虚幻，
我是演员台上站。
须知无我乃真我，
使命完成把家还。

2009-04-15　11:01

显莲华

不磨不知法在哪，
因缘果报乱如麻。
当机立断斩当下，
净心无我显莲华。

2009-04-15　申时。

他为眷

悟后空空无大千，
业障无需挂心间。
勇猛精进直向前，
你成佛来他为眷。
2009-04-15　申时。

度众忙

心不起念落空亡，
净念相继放光芒。
与佛印心光无量，
不来不去度众忙。
2009-04-20　10:27
答弟子问，"净心。"

罪难逃

个人业障个人了，
若说代替空支票。
哄得信徒把心掏，
贩卖如来罪难逃。
2009-04-22，　答有缘人问。

同归真

无宗无派无教门，
上天神佛一条根。
随缘当机接引人，
同心同修同归真。
2009-04-2215点，
答有缘人问"教门。"

普天庆

一道灵光下凡尘，　　隐去光芒做凡人。
一步一步苦修行，　　一点一滴精勤证。
佛我无二心印心　　　自觉觉他菩萨行。
不显神通不显灵，　　真心诚心妙明心。
将心比心献真情，　　不求供养不求名。
唯盼痴迷早警醒，　　看破放下真修行。
众生若能同精进，　　不枉诸佛殷切恩。
他日圆满同出尘，　　同归极乐普天庆。

2009-04-22　　11:15

得正果

荆棘丛中莫下脚，
毒蛇猛兽绕道过。
净心行道不蹉跎，
无欲无求得正果。

2009-05-04　　15:28:16

付阿谁

无我心自净，
妙法自宣流。
灵山拈花笑，
如今付阿谁？

2009-05-07　申时。

悟妙义

七宝莲池无虾米，
八功德水不养鱼。
锦鲤化龙何处去？
菩提树下悟妙义。
2009-05-07　申时。

几人泣

〇师驾船船无底，
〇师撒网网无鱼。
烟波浩淼无边际，
几人欢喜几人泣。
2009-05-07

奈我何

净心即去魔，
空心即无魔。
无我无所著，
谁能奈我何？
2009-06-12　09:35:50
答有缘人问，"去魔之法"而作。

真好偈

真好， 一切皆好。
拈花一笑，
心心相应， 心心相印，
心佛一体， 感应道交，
真好！
一体同心，
我即是佛， 佛即是我，
是心即佛， 是佛即心，
真好！
净心无碍，
得大自在， 无系无缚，
无烦无恼， 无生无灭，
真好！
圆融无碍，
无欲无求， 无我无为，
广接善缘， 随缘度众，
真好！
大道自然，
饥来吃饭， 渴来喝水，
困来休憩， 随缘度日，
真好！
本无相对，
无深无浅， 无上无下，
无尊无卑， 无是无非，
真好！

2009-06-11　08:14，答有缘人问， 自然而成。

常自在

时时事事皆考验,
起心动念皆试卷。
历经考验见灵山,
花开见佛常自在。
2009-06-24　09:49:35, 答有缘人问。

不见船

〇师本虚幻,
谢又从何谈。
登舟到彼岸,
回首不见船。
2009-08-02　17:44:37

佛为尊

明心见性初入门,
福慧双修勤精进。
随缘示现度众生,
觉行圆满佛为尊。
2009-08-21　11:17:10

有去留

佛祖心中留,
此处有话头。
如来无来去,
何以有去留?
2009-08-30　11:40:02

换新天

众业感召众业转，
众业不转怎回天？
回心向善心佛连，
心转业转换新天。
2009-08-31　13:43

乐不疲

佛力自力二合一，
佛心我心本菩提。
无我无佛证妙义，
度己度人乐不疲。
2009-09-04　17:25:03

本无碍

心随境转不自在，
无明习气重重盖。
如琢如磨现华彩，
无系无缚本无碍。
2009-09-06　12:36
答弟子问，"见性。"

净土归

缘聚缘散缘如水，
大江东去不复回。
心无执著自发慧。
自在逍遥净土归。
2009-09-12　09:30:08

一家亲

诸佛如来一法身，
一体同观心相印。
佛子若欲问传承，
亿灵本是一家亲。
2009-10-12　20:43:56
答有缘人问，"传承。"

归来吧

一个永远的〇师
在迷津
等待
等待回家的人儿
一个永远的慈父
在极乐
期盼
期盼迷途的儿女
2009-10-13　11:38:55

惨兮兮

也是鬼度你，
也是你度鬼。
你若不成就，
结果惨兮兮。
2009-10-19　15:41
答有缘人谈梦中遇鬼道众生，　随口而作。

觅根苗

业海茫茫泪如潮，
红尘滚滚血似涛。
慈舟周游不抛锚，
浪里淘金觅根苗。
2009-11-23　16:31:55

笑天河

〇师游娑婆，
如诗亦如歌。
日月转如梭，
横棹笑天河。
2009-11-25　15:19:49

笑摩诃

净心无我离娑婆，
无系无缚船上坐。
净土成就莲一朵，
自在无碍笑摩诃。
2009-11-26　11:35:01
答有缘人问，"如何上度船？"有感而作。

方为真

阳春白雪无人问，
下里巴人围几层。
小法小术莫动心，
正法大道方为真。
2009-12-04　10:06:51

放光明

至诚之心无量金，
情同手足本一心。
尔等若能悟真情，
诸佛菩萨放光明。
2009-12-04　10:58:10

燃心灯

开悟在汝心，
非在啃经文。
行间无雷音，
字字燃心灯。
2009-12-04　15:58:53

有汝份

不用求〇师，
但问自己心。
心若有至诚，
莲乡有汝份。
2009-12-13　14:14:37, 答有缘人求拜师。

方真情

神仙眷侣不究竟，
爱欲情执终沉沦。
自古多情空余恨，
大慈大悲方真情。

2009-12-28　10:01:08,送给众弟子有缘人,希望在你们修学正法大道的路上，　助你们一臂之力。若情关难破，　常诵此方真情偈，　佛菩萨加持力不可思议!

方成圣

因缘生法本来空，
缘聚缘散心不动。
若欲修证达究竟，
心身清净方成圣。

2009-12-28　09:10:38

方归家

遥想玄奘十万八，
九九归真炼莲华。
千磨万考浑不怕，
妄尽情空方归家。

2009-12-30　08:19:03

走在上班的路上，　想到真修行人实在不易。越是层次提升到关键---"破关"之际，　业障集中现前，　考验越大。〇师心疼弟子受苦受难，　有感而作。

直取大道

一个电话， 乱了方寸
一声斥责， 胆战心惊
一笔开支， 伤透脑筋
一个色身， 执著一生
可怜的佛子呀
可怜的众生
〇师慈悲
泪洒红尘

尔等何时明心见性？
尔等何时找回本真？
尔等何时去尘复明？
尔等何时回归本尊？

看浩浩长江愈来愈浑？
看莽莽昆仑几多残灵？

也罢
也罢
顺天而行

因缘果报， 众业感召。
大限一到， 任尔哭号。
勿怨勿恨， 佛已昭告。
慈悲心大， 尔感渺渺。
今留片言， 再做善导。
若求出离， 直取大道！

2010-01-19　08:45:17

22

叹无穷

披枷带锁欲出笼，
佛子屈膝光难明。
狮儿不吼与猫同，
抚今追昔叹无穷！
2010-01-14　10:12:49

地母赞

高楼林立，　如匕插地。地若哭泣，　何人知悉？
儿女贪欲，　不遗余力。乳汁无几，　吸髓加剧。
屡劝不止，　变本加厉。地母慈力，　疼惜儿女。
地母大慈，　身心护庇。慈母羽翼，　难敌暴雨。
呜呼痛哉，　暴雨暴雨。悲哉幸哉，　亿灵洗礼。
亿灵洗礼，　皆顺天意。天父不言，　地母无语。
静观业力，　各有明细。天父地母，　普降法雨。
2010-01-22　13:49:13

悟归一

我念佛时佛念我，
你念师时师念你。
师佛我你本一体，
迷时分别悟归一。
2010-01-23　10:28:04

23

无需鞭

决心下了几多遍，
未见马儿踏飞燕。
日行万里无需鞭，
千磨万考若等闲。
2010-01-27　21:16:27

建新功

同体同心同步行，
诸佛如来妙调整。
天地阴阳转时空，
正法大道建新功。
2010-01-28　13:44:54

随心转

莫说逆缘不逆缘，
要问道心坚不坚。
因缘本是随心转，
成道无关风与幡。
2010-01-30　21:51:07
有弟子问，"学佛苦恼于逆缘当如何"，　作答。

鹏展翅

风雨飘摇不终日，
磨难不敌冲天志。
虽有肉身困尘世，
透过考验鹏展翅！
2010-01-30　22:01:01

归妙元

时空转换,	哪敢偷闲。	迷者自迷,	悟者实干。
下不负子,	上不愧天。	天之骄子,	莫再残喘。
顶天立地,	早求身安。	安身立命,	破迷光现。
慧剑立斩,	捷登度船。	宏图大展,	再谱新篇。
天地和谐,	人神共欢。	地母轻安,	天父破颜。
三界同庆,	地天无间。	本是一体,	复归本原。
本是一家,	复归团圆。	本是一心,	复归妙元。

2010-02-02　09:54:20

本一体

佛子问太极,
老君葫芦密。
〇师点破你,
阴阳本一体。
2010-02-08　上午。

皆虚幻

若迷问题千千万,
若悟何处有谜团。
佛考魔考皆一般,
如如不动皆虚幻。
2010-02-08　上午。

圆果成

尔等有感，　为师有应。　尔等无疑，　各自精进。
如梭光阴，　何曾等人。　当勤精进，　真修行人。
尔等使命，　责重千钧。　普济亿灵，　造福苍生。
佛力调整，　自力精勤。　脱胎换骨，　再造金身。
金刚道心，　行化红尘。　救人度人，　功圆果成。

2010-02-17　22:06:58

证菩提

汝师吾师本无异，
妙法妙心本一体。
偈语难达无尽义，
心心相应证菩提。
2010-02-26　下午。

普天庆

皆是一家亲，
度人报佛恩。
他日果圆成，
同归普天庆。
2010-02-27　上午。

泪化尘

正月十五雨打灯，
人叹天公煞风景。
天心可表情至真，
苍天无语泪化尘。
2010-02-28　13:28:17

谁人听

一草一木总关情，
地母何忍伤生灵。
众业无度地失衡，
天泪地泣谁人听？
2010-02-28　13:45:43

自安然

莫问劫与难，
皆随因果转。
捷足乘法船，
心身自安然。
2010-02-28　13:55:01

本妙明

妙语不悟是凡心，
一体同观皆吾身。
宇宙万有同归心，
俯仰皆是本妙明。
2010-03-03　11:47:30

答无碍

心经本一体， 经心本无二。
经自佛心出， 法自佛性流。
犹如长江水， 渴者一瓢饮。
汝说哪一瓢， 能解渴者需？
释迦传妙法， 妙法以筏喻。
筏子本无相， 能度生死海。
无我修善法， 直取大自在。
释迦雷音在， 此偈答无碍。
　　2010-03-03　　15:23:24
答佛子问，"金刚经四句偈。"

法自然

佛子志气大， 发心护正法。
魔怪无需怕， 自性自当家。
佛教若有难， 也是因缘现。
调整复本原， 也是法自然。
　　2010-03-03　晚上
答弟子问"'法难'是什么"、
"怎么才能拯救法难"。

一笑明

佛子有妙心，
此心发雷音。
若欲觅此心，
拈花一笑明。
　　2010-03-04　　09:09:23

树下人

明心见性始离尘，
放下一切大愿行。
若无普贤菩萨愿，
怎做菩提树下人？
2010-03-04　09:30:36

谁人还

日月无需人来搬，
周天运行任自然。
规律法则莫触犯，
谁人触犯谁人还。
2010-03-04下午。

太平

净心修行，
不做愤青。
心净土净，
天下太平。
2010-03-04　晚。

心如如

借假修真苦是福，
如琢如磨玉光出。
犹若圣人怀中珠，
身在浊世心如如。
2010-03-06　19:27:30

同心圆

一石激起千层浪，
一点画出万道圆。
小圆大圆层层圆，
宇宙亿灵同心圆。
2010-03-07　22:16:52

谁来和

口口声声说学佛，
释迦愿行唱大歌。
千古绝唱有来者，
〇师击楫谁来和？
2010-03-08　10:50:22

上高巅

佛子父母近又远，　相认自然有机缘。
说远亲在天外天，　说近面前把手牵。
莫怨身边皆无缘，　谁在助汝上高巅？
2010-03-08　下午，　答佛子问
"我从小就觉得就是一个人，家人都与我无缘"。

大道圆

以意导气易出偏，
能量运行顺自然。
心佛相应妙明现，
天人合一大道圆。
2010-03-08　19:54:18

任逍遥

命由自造，　因缘果报。
若是心迷，　随业受报。
若是心觉，　随缘逍遥。
2010-03-09　10:24:03

真慈悲

莫说佛子不慈悲，
因缘果报如影随。
透过因果看是非，
无我度人真慈悲。
2010-03-09　11:12:58

宇宙间

本是同心圆，
如星绕日转。
平衡任自然，
祥和宇宙间。
2010-03-09　12:01:29

真金现

尔等修行受熬煎，
为师心痛亦安然。
浪里淘金就这般，
千锤百炼真金现。
2010-03-10　11:03:06

无我法

不可思议宝莲华，
能量信息和密码。
宇宙万有规律化，
大道自然无我法。
2010-03-10　21:50:37

任自然

佛力加持密无边，
几人能解妙义玄？
心佛相应密码显，
清净身心任自然。
2010-03-11　10:38:16

回家园

〇师不用算，
一切皆随缘。
缘至妙心安，
自在回家园。
2010-03-11

自领罪

〇师太慈悲，
佛祖血本亏。
回到西天后，
〇师自领罪。
2010-03-11　下午。

难幡然

若非至亲缘，
怎会走此番。
可叹众英贤，
心迷难幡然。
2010-03-11　15:29:45

何时还

左手接玄天，　右手掌法鞭。
捷径直指点，　犹说路太难。
头顶天外天，　脚踏苦海船。
倾巢无完卵，　待到何时还？
2010-03-11　15:34:37

一阐提

佛说一阐提，
亦是方便语。
佛性本自具，
皆堪证菩提。
2010-03-12　21:31:37
答复佛子问，"一阐提"。

本逍遥

佛子说得好，
一切唯心造。
心净净土到，
无我本逍遥。

本无异

放下不放弃，　　超度往西极。
因缘糊涂戏，　　莫再演下去。
若演连续剧，　　求出更无期。
你情他有意，　　化蝶不由你。
妄想续连理，　　一别再难聚。
你若心出离，　　因转缘化去。
清净身口意，　　天人方合一。
妙明自性体，　　与佛本无异。
　　2010-03-13　10:31:17

平常行

穿衣吃饭平常事，
救人度人平常人。
净心无我平常心，
正本清源平常行。
2010-03-14　22:33:31

当下即

若把规律说下去，
广长舌相无尽期。
若悟规律也不奇，
净心无我当下即。
2010-03-15　08:51:59

暂安息

人生八苦已遍历，
皮囊痛楚再难继。
无有信行无愿力，
轮回未至暂安息。

至真情

〇师今天不讲经，　单讲心血献真情。
元灵不醒情不真，　无情怎能度有情？
若无天地至真情，　万物生灵何所生？
若无诸佛至真情，　何来佛法方便门？
若无神圣至真情，　何来教法化世人？
若无一体至真情，　何来归元证妙明？
〇师赞叹至真情，　法雨普降净亿灵。
〇师赞叹至真情，　认祖归宗一条根。
〇师赞叹至真情，　无分无别一家亲。
〇师赞叹至真情，　净心无我归宙心。
〇师赞叹至真情，　如如不动归佛心。
〇师赞叹至真情，　同步规律归神心。
〇师赞叹至真情，　清净自然归道心。
〇师赞叹至真情，　阴阳平衡归天心。
〇师赞叹至真情，　圆融无碍归同心。
〇师自说不讲经，　字字句句血写成。
若问此经当何名？不可思议至真情。

2010-03-15　22:24:23

仰天啸

〇师开怀哈哈笑，
九州龙腾好热闹。
扶摇直上仰天啸，
自在无碍好逍遥！

2010-03-18　10:47:40

是模范

〇师在人间，
弥勒在内院。
天地万里远，
弥勒是模范。
2010-03-18　10:55:40

心花开

弥勒兜率乐开怀，
宝贝佛子情似海。
娑婆虽苦历练来，
苦尽甘来心花开。
2010-03-18　11:05:06

皆共有

佛子宝贝泪花流，　弥勒家族显新秀。
弘誓铠甲红尘走，　功圆果满凯歌奏。
宝贝佛子慧而秀，　勤修苦练心无垢。
亿灵皆乃佛之后，　不著来历精勤修。
根基胜缘不著有，　净心无我合宇宙。
能量信息密码流，　遍布宇宙皆共有。
2010-03-18　11:11:41

庆祥和

○师驾舟放浩歌，　　弥陀极乐莫笑我。
五浊恶世末法火，　　烧得业海滚滚热。
○师大音传极乐，　　难让亿灵心共和。
○师心波震银河，　　难溅娑婆浪一朵。
○师真情洒万涸，　　难唤世间名利客。
弥陀极乐非笑我，　　实乃以笑和我歌。
○师放歌金颜破，　　○师放心如来乐。
佛弟佛子尘世磨，　　心痛也是无奈何。
不若轻舟走万波，　　但等熔炉火变色。
炉火纯青开金钵，　　铮铮有声金刚做。
通体无染佛光彻，　　同步诸佛法无我。
此时○师笑呵呵，　　古佛不再慈泪落。
圆满同归极乐坐，　　天地归元庆祥和。

2010-03-19　　16:08:11

垂钓客

○师常住圆满阁，
显隐随缘天意合。
天河浩渺垂钓客，
钓得锦鲤送极乐。

2010-04-01　　21:57:28

37

随佛学

吾等发心，	至心学佛。
远学古佛，	近学释迦。
释迦佛迹，	历历在目。
释迦雷音，	言犹在耳。
释迦笑貌，	色未曾退。
释迦明灯，	光照寰宇。
释迦法会，	常住时空。
释迦妙法，	如如不动。
今日此时，	○师礼赞。
赞叹释佛，	功德无量！
礼敬释佛，	常随佛学。

2010-03-23　08:10:48

今日二月初八释迦牟尼佛出家日，
是一个很有纪念意义的日子。

乾坤朗

清明人间祭羲皇，	寻根问祖渊源长。
伏羲人祖也有娘，	泪眼婆娑盼儿郎。
天地相离两苍茫，	时空转换愁断肠。
始初人为亿灵长，	现今人成亿灵障。
血泪造下糊涂账，	颠倒不转怎清偿？
尔等若欲得清凉，	雷音滚滚入心房。
天机玄妙谁人讲，	○师慈悲云雷荡。
雷声阵阵透沧桑，	天心滴血业海茫。
浪子回头归故乡，	天清地明乾坤朗。

2010-04-02　20:56:26

○

极乐世界光无量，
殿阁楼台妙莲香。
若问○师住何方，

2010-04-01　22:33:55

无上宝

佛子当觅无上宝，　　此宝光明无量妙。
能度生死断苦恼，　　能济亿灵利六道。
○师周游三界找，　　大千空空遍地宝。
佛心彩带万千条，　　穿起明珠灵光耀。
宙心波拂光子笑，　　能量信息密码妙。
本是一体唯心造，　　婆婆随业走一遭。
有的哭来有的笑，　　有的泣来有的闹。
笑罢泪干回光照，　　悟后方觉真可笑！

2010-04-06　16:53:23

即本来

朵朵妙莲沐雨开，　　盏盏宝华放异彩。
颗颗妙心清净来，　　声声妙音念如来。
莲心莲花妙华开，　　心开自然光明在。
至心清心净心海，　　妙心佛心即本来。

2010-04-19　10:17:43

自安然

秦时明月汉时关，
古渡无人也摆船。
寒来暑往岁月添，
随心随缘自安然。
2010-04-20　10:23:26

一天蓝

末法时期行道难，
风急浪高视等闲。
如如不动摆渡船，
一天更比一天蓝。
2010-04-23　09:10:38，　一天蓝是刚刚佛菩萨送给〇
师的，　〇师现在转赠给你们，　我们共勉。

怨何人

〇师苦口点心明，
却说〇师不讲经。
水流风动云雷声，
充耳不闻怨何人？
2010-04-23　10:45:06

万法足

经从佛心出，
非在万卷书。
回光寂灭处，
汝本万法足。
2010-04-23　10:55:08
答误以为语言、文字、经卷
为经的弟子有缘人。

慢不见

佛子灵子问我慢，
贡高我慢本虚幻。
无明我执乃根源，
斩草除根慢不见。
2010-04-23　11:02:02
答弟子问，"我慢如何去除。"

自涅槃

灵子佛子问寂然，
一切万法本虚幻。
心动著相乃根源，
如如不动自涅槃。
2010-04-23　11:06:59
答弟子问，"何谓寂灭处。"

永极乐

佛子灵子问无我，
五蕴和合无奈何。
借假修真走娑婆，
无系无缚永极乐。
2010-04-23　11:13:13
答弟子问，"怎样去除无明我执。"

开心花

佛子所问不再答，
为师下班该回家。
功夫成片一说法，
浑然一体开心花。
2010-04-23　11:17:03
答复弟子问，"何为功夫成片。"

徒轰隆

鲲鹏展翅欲升腾，
有愿无行终成空。
背负青天叱咤逞，
雷声过后徒轰隆。
2010-04-23　11:27:10

是妙谛

佛子问开启，
大道本至易。
佛法无多子，
放下是妙谛。
2010-04-26　08:33:17
答弟子问，"如何开启。"

清源潺

佛子灵子问根缘，
此问难倒大罗仙。
顺藤摸瓜昆仑山，
高高昆仑清源潺。
2010-04-28　08:17:14
答弟子问，"时空转换之缘之根。"

怎合天

佛子灵子心难安，
天地人魂一分三。
各唱各调各调弦，
不入三昧怎合天？
2010-04-28　08:24:29
答弟子"心中有疑而不会问。"

在当下

佛子数问师不答，
乃因灵子法生法。
脚踩青云登朗玛，
无限风光在当下。
2010-04-28　08:36:13
答弟子问，"什么功夫成片呀、
什么守着一声佛号呀、什么三昧呀。"

本无事

人人都有三件事，　事事都想好日子。
无常大鬼算时日，　时日到时死期至。
再入轮回悔已迟，　业海劫火烈焰炽。
警钟声声勤昭示，　回心回头莫迷痴。
正法大道天地赐，　脚踏金阶出尘世。
佛心性海元光子，　去复来兮本无事。
2010-04-28　18:35:04

移莲步

灵子佛子问六度，
欲明万行行何处。
六度解脱生死苦，
万行实修移莲步。
2010-04-29　08:24:27，　答佛子问"六度万行。"

不动尊

男儿膝下有黄金，　　顶天礼地心贴心。
女儿怀中有柔情，　　真情至爱度沉沦。
男儿女儿本平等，　　心不分别自平衡。
阴性阳性本圆成，　　阴阳平衡凡成圣。
男子莫贪女子身，　　女子莫迷男子情。
此贪此迷轮回根，　　此迷此贪六道生。
诸佛如来早点明，　　〇师行者破迷津。
浓雾虽重终天晴，　　彤云虽密终日明。
烟消雾散六根净，　　拨云见日圆明镜。
自古智慧方出尘，　　无始般若破无明。
〇师殷切数家珍，　　珠落玉盘唤共鸣。
千呼万唤云雷音，　　难开心门振心声。
洪钟大吕发宙心，　　穿时越空透红尘。
此密此息此宇能，　　盘古开天未曾闻。
因缘和合大道行，　　钟吕共鸣正法音。
听者闻者三生幸，　　信者行者归宙心。
宙心圆融本妙明，　　佛心性海不动尊。

2010-05-03　09:04:45

梦中言

〇师行者走天渊，　　一韵到底不易变。
或者为展天地玄，　　或者为显妙难言。
或者为示思议难，　　或者为现大道源。
正法大道本至简，　　浩浩汤汤梦中言。

2010-05-04　10:08:20

答弟子问，　"〇师，　押韵有何奥妙。"

解倒悬

眼见耳闻皆虚幻，
色相音声亦化现。
无明分别颠倒颠，
无我无住解倒悬。
2010-05-06　08:35:41

走飘渺

钱财取之当有道，　　钱财用之为大道。
钱财得之心不骄，　　钱财失之心不恼。
钱财聚之行正道，　　钱财散之随缘了。
人言金砖布大道，　　离了钱财难行道。
粪土钱财一样妙，　　虚空金银同元造。
你有无量珍七宝，　　吾融无边虚空妙。
心包太虚笑笑笑，　　意归无极了了了。
〇师苍天一声笑，　　卷帘收帐走飘渺。
2010-05-07　08:24:15

不见花

〇师至心赞释迦，　　文采无量难表达。
昔日座下观拈花，　　破颜一笑雨天华。
五浊恶世难传法，　　释迦愿行放宝华。
五五流布红尘化，　　五六末法一枝花。
此华历劫导归家，　　回到家中不见花。
2010-05-10　16:07:37

本不玄

释迦灵山不开言，
拈花一笑演妙禅。
搬柴运水顺自然，
穿衣吃饭本不玄。
2010-05-11　10:57:41
有弟子说禅，　实不可言讲，　勉强点一点。

魔现前

〇师历来不谈禅，
开口即错佛笑咱。
吃喝拉撒妙法演，
若著禅境魔现前。
2010-05-11　11:12:09

照大千

佛子灵子历万难，
若不放下心难安。
一朝慧剑当下斩，
佛子妙心照大千。
2010-05-12　15:18:27

皆平等

〇师本无名，
摆渡默无声。
尔等尊〇师，
一体皆平等。
2010-05-1215:39:18，　答弟子有缘人问。

47

天地潮

〇师在人道，
也不看热闹。
数着念珠笑，
不闻天地潮。
2010-05-14　11:25:26

答弟子问，"〇师，　整个宇宙所有生灵无论是天上的
天下的，　都在争什么呀？醒着争斗，　梦中争斗，　〇师，
都在争什么呀？"

乐天年

民以食为天，
吃多成负担。
素食清且淡，
颐养乐天年。
2010-05-14　12:32:08

佛子也要注意养生之道。

放光日

六祖说心直，
妙明真心是。
妄心停歇时，
佛子放光日。
2010-05-16　11:02:07

方出头

佛子精进莫停留,
心不执著莫贪求。
娇妻夫婿随缘走,
度化接引方出头。

2010-05-20　11:29:41
答迷于还债还情，了债了情的弟子、有缘人。

极乐乡

情缘业障以身偿,
偿来偿去糊涂账。
释迦真情爱妻郎,
净土法眷极乐乡。

2010-05-20　11:34:46
答迷于还债还情，了债了情的弟子、有缘人。

业力网

亿灵困于业力网,　随业流浪苦海茫。
六道轮回难归乡,　唯因认贼作亲娘。
放下万缘向上望,　多少故旧盼儿郎。
舍下五欲回心想,　来龙去脉梦一场。
千古暗室不见光,　一智生起心灯亮。
六度透过生死浪,　般若化却业力网。

2010-05-20　15:25:27

49

画天外

佛子灵子若贪财，
神来之笔怎会来？
古有马良献真爱，
今有佛子画天外。
2010-05-26　11:12:50

自来临

神来之笔来于神，
清明正直神通心。
法宝无量虚空存，
净心合道自来临。
2010-05-26　11:21:34

建功绩

法宝殊胜难思议，
属于苍生不属你。
具足灵性无来去，
随缘助尔建功绩。
2010-05-26　11:27:52

永出离

〇师弟子直来去，　　听法闻显不闻密。
字字句句未离题，　　千言万语西来意。
上天入地同义趣，　　穿时越空不二理。
佛子欲明诸天偈，　　再请为师续话题。
佛子可爱诸天喜，　　踊跃赞叹传信息。
字字珠玑诸天意，　　句句华彩能量聚。
万语千言同一义，　　层层修炼不停息。
天界清净善人居，　　断恶修善升天趣。
天界不是享福地，　　勇猛精进求出离。
天主天众勤修积，　　直取正觉证菩提。
心慈天眼观人趣，　　皆是家亲难舍弃。
众业感召灾劫罹，　　不忍人间变炼狱。
泣血天意传天语，　　一一警示不遗力。
上古佛尊慈悲议，　　救度回归步步急。
神佛仙圣领天意，　　各尽其责行天地。
同根同源同一体，　　同心汇聚回天力。
回天力大难思议，　　救度亿灵归家去。
十方净土任游历，　　佛心性海永出离。

2010-05-26　16:54:00

为众弟子、有缘人解读解密诸天偈而作。

度苦厄

佛子敬茶〇师喝，
师徒情真演摩诃。
清茶白水皆无色，
五蕴皆空度苦厄。

2010-05-27　08:45:35，　答谢弟子给〇师敬茶。

一路歌

至心敬水○师喝，
水清源头始天河。
乘愿侍师走娑婆，
默默无闻一路歌。

2010-05-27　08:56:57，　答谢佛子给○师敬水。

同妙谛

释迦牟尼演太极，　　佛子听闻难思议。
道法现在佛门里，　　亘古未闻世称奇。
佛子灵子问玄义，　　太极能量同信息。
太极图偈皆明晰，　　忘我无我观仔细。
眼见耳闻皆幻虚，　　五蕴根识本无意。
无我自然合天地，　　天地人合本同一。
宙心本元无一异，　　性海本圆无异一。
皆因一念分别起，　　阴阳显发成对立。
阴阳对立演大戏，　　宇宙万有皆道具。
地球山河不用提，　　人类历史戏中戏。
无始无终连续剧，　　因缘果报牵引力。
万花筒里观玄机，　　观来看去葫芦提。
跳出三界再看戏，　　原来梦里心眼迷。
心迷眼迷难出离，　　心明眼亮悟太极。
太极太极无秘密，　　太极太极吾故里。
太极太极无六趣，　　太极太极本菩提。
○师今日心欢喜，　　佛法道法复归一。
○师放歌自击楫，　　道法佛法同妙谛。

2010-05-31　10:19:13，答弟子问，"请○师开示一下
太极能量信息画"。

已无戏

三十六句演太极，
句句皆是上天梯。
三十六天步云去，
再看人间已无戏。
2010-05-31　11:01:50

难出头

明珠暗投层层垢，
改头换面为鼠愁。
佛手不牵随大流，
机缘错过难出头。
2010-06-01　11:26:51，答弟子问，"我有问题想问，我店里的电线都被老鼠咬断了，怎么办？我有什么办法不让他们咬？"此偈亦赠所有"佛手不牵随大流"的弟子有缘人。

法如来

莲花朵朵开，
宝华放光彩。
照彻苦业海，
荷担法如来。
2010-06-02　11:30:15

本无住

世人皆道业障苦，
唯因妄执心不悟。
心空性空孰缚汝？
自在无碍本无住。
2010-06-04　08:48:45

千古事

佛子三次改别字，
知错能改善大士。
字字句句勿谬失，
利益人天千古事。
2010-06-04　11:37:28

乐永祥

佛是大医王，未见开药方。
妙心本无相，金丹光明藏。
药上与药王，法药随缘飨。
医神济世忙，菩提不相忘。
〇师无药方，泛舟烟波上。
医命不医心，阎王案下伤。
释迦示疾相，也把百草尝。
本师佛金刚，百毒怎侵伤？
众生著虚妄，我执臭皮囊。
有为皆空相，四大缘散亡。
勿随风云荡，心净佛心亮。
勿随灾劫殇，

妙法甘露降，亿灵得清凉。
药王与药上，空空无药房。
妄执有名相，千古不见光。
身在百草堂，心系极乐乡。
来去观无常，阅尽世沧桑。
医心不医命，心觉命自常。
见者觉平常，闻者费思量。
我佛慈心肠，示疾妙法讲。
诸行皆无常，五蕴梦一场。
亿灵莫迷茫，透假观实相。
勿随业海浪，无我佛性光。
菩提乐永祥。

2010-06-10　09:46:21，纪念药王菩萨圣诞日。

汝亦全

妙善下生也是凡，　　未见杨枝千手拈。

普通弱女历磨难，　　历经磨难妙明现。

天龙八部赞妙善，　　愿力高于须弥山。

诸佛如来护妙善，　　慈悲深过四海天。

大愿慈悲万法全，　　神通法力心为元。

心系疾苦耳通连，　　救度众生千手眼。

平等无别净瓶显，　　妙法甘露洒大千。

身心清净功德圆，　　七彩莲台脚下现。

大士婆婆满大愿，　　点点滴滴妙法传。

尔若心迷眼不见，　　误当神话作笑谈。

尔若心明眼炬观，　　千手千眼汝亦全。

2010-06-10　09:08:26

答有缘人问"发心学妙善""度人无力"。

自调弦

饥来吃饭困时眠，

不管日月绕圈圈。

缘来激流摆渡船，

缘去击楫自调弦。

2010-06-13　08:24:49

莫沉醉

童子不识愁滋味，

指染口尝苦海水。

滴水苦痛彻心肺，

浅尝立止莫沉醉。

2010-06-13　11:20:40

自在行

譬如身陷大火坑，	皮焦肉烂痛彻心。
无明愚痴咬牙忍，	妙明智慧离火焚。
出离火坑清凉身，	心不执著皈佛性。
顶天立地堂正人，	怎堪摆布迷宿命？
一点清灵同佛尊，	怎能历劫苦沉沦？
若不成就在今生，	业海煎熬苦无尽。
因果不虚亦不真，	执著妄想业火盛，
因果不虚亦不真，	无我净心当下净。
金刚棒喝唤梦灵，	大梦觉醒自在行！

2010-06-13　09:35:31

归元化

灵山会上演佳话，
信手拈来笑大家。
会心一笑本无法，
以心印心归元化。

2010-07-12　11:27:14

任升腾

一遍楞严一遍功，	扶摇直上天重重。
正善诚净佛相应，	源源不断融宙能。
慧能具足展鲲鹏，	宇宙茫茫任升腾。

2010-07-19　12:38:29

56

化逆流

无量劫来你自由，	数千年来你自由。
天上人间你自由，	六道轮回你自由。
一切因缘你自由，	一切果报你自由。
一切有果有缘由，	一切善恶有缘由。
一切苦乐有缘由，	一切升降有缘由。
说来说去你自由，	说去说来你自受。
自由自由求自由，	不求本来你自由。
升降沉浮你自由，	回归沉沦你自由。
自由由自怎出头？	自由由自神佛愁。
规律大道不开口，	大道规律同步走。
但顺规律真自由，	无为行道本自由。
若逆规律求自由，	规律无情情不留。
若背大道求自由，	大道自然化逆流。

2010-07-28　　13:00:11

狮子吼

若真快乐不会溜，	若真幸福不会走。
极乐之乐本自有，	法喜充满妙心流。
若说认识头安头，	若说想问正法求。
无得无失无需求，	无系无缚逍遥游。
极乐娑婆任你走，	脚不沾泥莲无垢。
莲无垢兮生妙有，	光照大千狮子吼。

2010-07-28　　13:17:29

57

跃慈舟

万语千言付水流，　　千言万语不回头。
五欲六尘钩钩钩，　　恩爱情仇留留留。
〇师击楫信天游，　　清闲自在乐悠悠。
但观天河波怒吼，　　单等锦鲤跃慈舟。

2010-07-28　　13:28:12

本自在

三界火宅片难安，　　五欲六尘苦连连。
佛子借火炼金莲，　　朵朵花开金光灿。
心无挂碍身心转，　　无系无缚照大千。
心悟妙义勤实践，　　进趣菩提大行愿。
普济亿灵咸登岸，　　造福苍生觉行满。
大救度兮度亲缘，　　大救度兮度情缘。
大救度兮度佛缘，　　大救度兮度法缘。
大救度兮度天缘，　　大救度兮度道缘。
大救度兮度善缘，　　大救度兮度恶缘。
大救度兮度助缘，　　大救度兮度逆缘。
大救度兮度胜缘，　　大救度兮度孽缘。
大救度兮妙无边，　　大救度兮密无边。
大救度兮善无边，　　大救度兮真无边。
大救度兮美无边，　　大救度兮诚无边。
大救度兮功无边，　　大救度兮德无边。
大救度兮诸佛赞，　　大救度兮诸神赞。
大救度兮诸仙赞，　　大救度兮诸星赞。
大救度兮亿灵赞，　　大救度兮光光赞。
妙哉妙哉〇师叹，　　大哉大哉合地天。
奇哉奇哉本具全，　　悠哉悠哉本自在。

2010-08-01　　16:43:35

登法船

欺人难欺佛龙天，
莫道天空天无眼。
神目如电察忠奸，
谤师怎能登法船。

2010-08-02　10:55:42

不成片

功夫非云亦非毡，
无形无相湛妙然。
一行白鹤排云天，
不问成片不成片。

2010-08-02　11:52:43

答弟子问，"〇师，如何是功夫连成片呀？"

观自心

各自观心，　心莫外驰。　我心彼心，　由分别生。
我是彼非，　皆妄想成。　无我无法，　顺道而行。
无系无缚，　任运天真。　无是无非，　因缘非真。
灵子佛子，　心同体殊。　佛子灵子，　体同光出。
本来一心，　本来一体。　度人度己，　度己度人。
回归本元，　舞兮歌兮。　复返本家，　和兮谐兮。
执著分别，　生妄想兮。　己之不静，　乱道心兮。
千江可搅，　不乱心兮。　赤诚可表，　师已见兮。
护师护法，　龙天赞兮。　护法护师，　诸佛叹兮。
敬师爱师，　师心明兮。　爱师敬师，　天地鉴兮。
妙兮妙兮，　因缘生起。　妙兮妙兮，　言表心意。
妙兮妙兮，　湛然本寂。　妙兮妙兮，　观万法戏。
　　　　　　妙兮妙兮，　无语无语。

2010-08-03　08:52:25

碧波上

地火水风轮激荡，　　灵儿何处身心藏？
苦兮痛兮重重殇，　　有家不归业海浪。
愁兮惨兮层层伤，　　有亲不认迷失乡。
回归本元本清凉，　　认取归途莫停桨。
激流猛进破风浪，　　跃过龙门换金装。
灾劫洪浩再难伤，　　殃难深重亦无妨。
〇师弹琴笑牛郎，　　织女蹁跹舞苍茫。
〇师破颜笑吴刚，　　嫦娥妙姿长袖广。
〇师开怀笑灵光，　　光子波波碧波上。

2010-08-07　22:33:53

莫再偏

日月经天法自然，　　江河行地团团转。
奈何汝心非寒潭，　　雁过痕留心紊乱。
〇师慈悲再指点，　　万缘放下心佛念。
思维修法行路偏，　　研究解悟非真参。
一语点破愚痴男，　　再不回转落两边。
善男不妨自己观，　　心乱语乱身不安。
放下放下心空湛，　　与佛相应莫再偏。

2010-08-09　09:26:49

60

三藏密

说空说有无意义，
说幻说实非妙谛。
黄叶止啼梦中语，
拈花一笑三藏密。
2010-08-09　09:05:35

天意合

心地清净者，
时时能见佛。
佛示涅槃乐，
随缘天意合。
2010-08-11　11:59:47
告知弟子释迦牟尼佛从来未曾离开众生。

本一家

〇师至心赞释迦，
释迦破颜万莲华。
光照大千心开花，
佛心吾心本一家。
2010-08-11　12:03:25

归本家

佛子学释迦，　梦中演妙法。
身心奉尘刹，　名利虚空华。
烈火炼莲花，　苦海勤净化。
自利亦利他，　自觉亦觉他。
自化同化他，　自度同度他。
无我亦无他，　人我本一家。
天地舞台大，　宇宙演神话。
角色随缘化，　威德秀披挂。
明珠撒天下，　尘中隐光华。
神佛圣仙家，　个个平常化。
轻步踏浪花，　不湿脚鞋袜。
踏破岭头崖，　慧剑斩乱麻。
无我净当下，　无住自潇洒。
妙明菩提花，　妙用启自家。
佛吾无二话，　吾佛一藤瓜。
辗转难舍下，　不如早放下。
圆满演神话，　剧终归本家。

2010-08-14　09:15:28

已无语

一年一年复七夕，　　不见牛郎会织女。
爱欲沉沦苦无期，　　出离还吾清净体。
情执余恨无绝期，　　蝴蝶鸳鸯傍生趣。
释迦示现解迷题，　　情缘化作法缘离。
真情真爱非为欲，　　大情大爱非为己。
身心清净趣菩提，　　慧剑斩情合天意。
爱情神话泣泪涕，　　情爱传奇终悲剧。
爱河情海迷迷迷，　　孽缘情执愚愚愚。
多生历劫为情系，　　历劫多生受爱拘。
〇师此番行天地，　　红尘滚滚亲身历。
阅尽沧桑心叹息，　　历经磨难亦惋惜。
五浊恶世劫火袭，　　末法魔障剥人皮。
叹息叹兮泪如雨，　　悲惜痛兮已无语。

2010-08-16　　09:49:31

63

行大道

〇师说法不说教，　　直指归家化舟桥。
归家即把舟桥抛，　　不说不唱不热闹。
无色无音静悄悄，　　不来不去走一遭。
好笑好笑真好笑，　　群魔乱舞凑热闹。
一门更比一门噪，　　一派更比一派高。
一人更比一人骄，　　一法更比一法傲。
扯起虎皮大旗飘，　　鸡毛令箭装神道。
喧闹喧闹真喧闹，　　末法时期难行道。
粉墨登场跳一跳，　　三界火宅神鬼嚎。
目无法道搅一搅，　　搅乱三界浑六道。
浑水摸鱼声名噪，　　利养油锅伸手捞。
〇师演法不演教，　　〇师传法不传教。
〇师宣法不宣教，　　〇师兴法不兴教。
〇师正法不正教，　　〇师行法不行教。
〇师赞叹佛法妙，　　信受奉行行大道。

2010-08-16　　11:44:07

闭口立

菩提烦恼本一体，　　妙心妄心本无异。
妙心菩提布法雨，　　妄心烦恼苦痴迷。
自然流露妙心语，　　妄念纷飞非菩提。
分别妄想恶习气，　　妄心作怪非妙义。
灵子佛子净心意，　　身心清净流妙语。
觉正净己佛本体，　　迷邪染己沦六趣。
有我有佛梦中语，　　无我无佛觉后喜。
觉后意欲作妙偈，　　菩提树下闭口立。

2010-08-21　　13:20:10

般若行

灵子佛子历凡尘，　　风尘仆仆苦伶仃。
历经磨难终归真，　　烈火炽盛炼真金。
真情真爱付众生，　　慈悲效法观音心。
观音观音妙观音，　　但观疾苦觉有情。
观音观音善观音，　　苦海度人报佛恩。
观音观音真观音，　　慈悲喜舍常精勤。
观音观音美观音，　　圣洁清净摄心魂。
〇师顶礼赞观音，　　〇师虔心敬观音。
普劝佛子学观音，　　亦盼灵子妙善行。
妙善妙善实可赞，　　历经磨难不染尘。
妙善妙善实可叹，　　妙清善美演法真。
妙善妙善实可观，　　但观自在般若深。
般若深深深无痕，　　圆镜照照照无影。
无痕无影返观心，　　五蕴皆空般若行。

2010-08-21　　14:04:10

解当下

佛子心儿欲开花，　　朵朵花开顺杆爬。
〇师耕耘南山下，　　荷锄佛子学种瓜。
除草施肥汗流浃，　　风吹日晒也不怕。
一藤一蔓开数花，　　一藤一蔓留一瓜。
藤藤蔓蔓乱如麻，　　藤藤蔓蔓剪枝杈。
暴雨来袭要护瓜，　　雨打瓜毛难长大。
恶鸟偷食要护瓜，　　一瓜不舍心血化。
虫菌侵蚀要护瓜，　　瓜小体弱难敌煞。
精心呵护自心瓜，　　精诚呵护佛田瓜。
待得瓜熟香飘匝，　　敬与佛祖细品呷。
佛子灵子要问啥？　　现在开口解当下。

2010-08-21　14:44:15

共圆满

佛缘法缘妙亲缘，
缘缘渊源历劫淀。
觉缘认亲齐划船，
一体同心共圆满。

2010-08-22　07:41:08

法音扬

秋风秋雨秋送爽，
层层秋雨层层凉。
铮铮有声和弦唱，
击楫中流法音扬。

2010-08-26　08:07:59
观秋雨、听秋风、赏秋景有感而作。

66

雷音显

遥望贤山如黛染，
近观浉河水悠然。
山不高兮水不宽，
平平淡淡雷音显。
2010-08-26　08:36:12
居陋室、眺贤山、观浉河有感而作。

清净谛

南湾湖碧润如玉，
燕尾岛秀妙天趣。
水流风动妙音语，
黄花翠竹清净谛。
2010-08-26　08:53:27
忆念乡土乡景乡人，　有感而作。

演妙华

人皮之下灵复杂，　魔怪神鬼乱如麻。
粉墨登场各显法，　法法法法因缘法。
有佛有魔平衡法，　有正有邪自然法。
阳阳阴阴各表法，　阴阴阳阳各演化。
佛来接引回本家，　佛考魔考一体化。
魔来考验助净化，　不受魔考难净化。
不受佛考难升华，　透过考验开心花。
无需憎恶魔怪煞，　无需欢喜佛菩萨。
不著于相安尘刹，　如如不动演妙华。
2010-08-28　20:07:30

67

炼真金

天门开阖规律行，
步步调整步不停。
大江东去浪淘尽，
滚滚红尘炼真金。
2010-08-29　08:31:56

逆道沦

地门开阖法则运，
自疏自通自调整。
物竞天择大道成，
顺道者昌逆道沦。
2010-08-29　08:37:58

不二心

人门开阖心光灵，
天地人合同步运。
宇宙自然本吾身，
宙天地人不二心。
2010-08-29　08:42:55

不二话

释迦演法梦中法，
如来行化梦中化。
梦里梦外虚空华，
粉碎虚空不二话。
2010-08-29　09:05:08

走此番

○师心语流不断，
○师心血洒无间。
精诚所至破迷顽，
天清地明走此番。
2010-08-29　11:33:12

同心圆满

大道至易，大道至简。外相如麻，外相纷乱。
般若照空，慧剑斩断。浊者自浊，清者轻安。
乌云蔽日，亦是徒然。把火烧天，自招其患。
恶口唾天，自落其面。因缘果报，如影自感。
因果昭昭，天地为鉴。随身护法，记录在案。
地魂无私，丝毫不瞒。我佛慈悲，神目如电。
邪不胜正，大道行天。螳臂挡车，妄心徒然。
魔怪乱法，也是考验。浪里淘金，破浪行船。
慈兮悲兮，如歌如叹。风兮雨兮，荡涤尘寰。
魔兮难兮，笑走泥丸。时兮空兮，终归虚幻。
是兮非兮，梦中笑谈。赞兮谤兮，不入耳眼。
天地大戏，时已开演。粉墨登场，不迷不乱。
披挂上阵，不昏不暗。心明眼亮，激流行船。
一着不慎，皆输满盘。错过回天，悔之已晚。
慈悲心切，再做指点。如电拂过，机缘难现。
善缘善缘，珍惜善缘。佛缘佛缘，珍惜佛缘。
法缘法缘，珍惜法缘。亲缘亲缘，珍惜亲缘。
缘缘清净，清净无染。缘缘至诚，至诚无间。
缘缘无住，无住随缘。缘缘同心，同心圆满。
2010-08-29　11:06:54

69

心从容

日月如轮碾太空，
白驹过隙水流东。
坐观亿灵困迷宫，
心痛心安心从容。
2010-09-02　15:36:17

演妙谛

妙义玄义无量义，
弹指一挥碎须弥。
化空化有化六趣，
无来无去演妙谛。
2010-09-02　15:51:54

显华彩

源头活水滚滚来，
灵感如潮心花开。
〇师平常本无才，
妙明圆融显华彩。
2010-09-02　16:34:01

同根源

天玄地妙掌中观，
阅尽风浪观大千。
观来观去笑九天，
重重高天同根源。
2010-09-02　16:42:30

无是非

三界火宅水鼎沸，
鼎中龙鱼犹斗嘴。
净心净气净回归，
归元自在无是非。
2010-09-03　10:14:42

不沉沦

芸芸众生念纭纭，
随业受报轮不停。
戒定慧学勤精进，
但观自在不沉沦。
2010-09-03　12:09:22

早归元

五关六贼重重险，　　拨云见日光明现。
乌云汹涌难遮天，　　心定身定仗慧剑。
般若行深心照观，　　五蕴皆空度苦难。
心无所住净无染，　　心无挂碍三昧圆。
性空妙有圣道演，　　菩提树下做舟船。
随机随缘巧示现，　　与时俱进天机玄。
因缘生法妙难言，　　随缘随缘息万缘。
因因缘缘本梦幻，　　大梦觉兮早归元。
2010-09-03　15:06:07

心放光

诸佛菩萨设考场，
护法神众暗帮忙。
佛子至心经风霜，
通透考验心放光。
2010-09-07　18:14:30

无短长

海洋能为百谷王，
以其善下大心量。
虚怀若谷合洪荒，
天地人合无短长。
2010-09-08　15:11:48

舍行头

看破棋局无喜忧，
山河大地棋子走。
戏里戏外透一透，
大戏演罢舍行头。
2010-09-08　15:59:57

有奇葩

西风铮铮肃芳华，
冷雨无情花遍洒。
傲寒枝头结霜花，
扑鼻清香有奇葩。
2010-09-08　16:16:10

妙心宣

李白斗酒诗百篇，
吾等净戒酒不粘。
气定神闲心湛然，
妙法妙语妙心宣。
2010-09-08　16:33:11

金光灿

三界为鼎炼金丹，
老君助火摇蒲扇。
三昧真火成九转，
晶莹剔透金光灿。
2010-09-08　16:43:04

去无名

春蚕到死丝方尽，
〇师心血续燃灯。
灯火相传照普明，
来无名兮去无名。
2010-09-08　16:54:00

船不见

蜡炬成灰泪始干，
〇师身心奉尘寰。
迷津浩渺做舟船，
灵儿回归船不见。
2010-09-08　17:03:14

为谁甜

昆仑山巅种雪莲，
佛祖道种金光点。
披星戴月怙佛田，
为谁辛苦为谁甜？
2010-09-08　17:18:54

同归乡

大愿地藏愿中王，
心量愿力尽含藏。
诸佛亿灵同心光，
无二无别同归乡。
2010-09-08　17:32:49

万法全

阿尔卑斯神家园，
喜马拉雅住神仙。
昆仑莽莽直通天，
中西合璧万法全。
2010-09-08　20:24:12

真剑客

日月星辰空空过，
金刚慧剑历劫磨。
万象纷杂乱麻若，
一剑斩却真剑客。
2010-09-09　15:12:23

无二般

斗转星移不落天，
万法皆空规律然。
顺道而行随缘现，
驾鹤踩莲无二般。
2010-09-09　15:24:43

赠苍生

○师拙手拈金针，
穿针引线绣图腾。
莲池鹤舞天籁音，
金针无价赠苍生。
2010-09-09　15:38:13

同手足

天宫天国天堂路，
净心净身净佛土。
殊途同归妙心主，
神佛仙圣同手足。
2010-09-09　15:51:55

何其多

宇宙茫茫布星河，
点点星光灵光合。
地球生灵不寂寞，
外星亲朋何其多！
2010-09-09　16:00:15

归家去

人语天语妙心语，
密码能量传信息。
天地人合无二义，
惟唤灵儿归家去。
2010-09-09　16:10:41

虾是虾

风起云涌鱼龙杂，
粉墨登场各显法。
云尽水枯再看他，
龙是龙来虾是虾。
2010-09-09　16:20:37

本虚幻

大日巍巍坐中天，
风云演变一目览。
佛魔阳阴平衡转，
游戏三昧本虚幻。
2010-09-09　16:35:04

光同源

人心不足究天玄，
天外有天天外天。
扪心自问回光观，
光光相照光同源。
2010-09-09　16:45:10

大菩提

三苦八苦人人历，
觉苦知苦求出离。
修心圣道志不移，
速登正觉大菩提。

合道世

教师节庆忆孔子， 传道授业开民智。

仁义礼智诚信示， 四书五经教化始。

周游列国天下志， 仁心仁德仁政治。

仁人志士效夫子， 万世师表芳百世，

○师顶礼赞孔子， 崇仁尚德合道世。

2010-09-10　11:32:18

第26个教师节忆念万世师表孔夫子， 有感而作。

本无碍

盘古开天造大海，

天清地浊苦两来。

成住坏空搭戏台，

天清地明本无碍。

2010-09-10　18:15:30

回归

路古神古佛无量数，

盘古大神古中古。

回天之力同心助，

开天辟地回归路。

2010-09-10　18:05:51

盼法船

大海茫茫不见天，

亿灵嚎啕泪成潭。

轮回业火苦炽然，

万年亿载盼法船。

能量源

度船法船能量船，
无有能量也枉然。
全息全能源自天，
天心地心能量源。
2010-09-10　15:55:35

莫谈禅

辩智狂慧出离难，
替人数宝法句转。
转来转去寿缘完，
阎君面前莫谈禅。
2010-09-10　21:36:04

难超然

智慧能量齐修炼，
内功外功俱圆满。
慧能不足登法船，
能量屏障难超然。
2010-09-10　21:40:28

自流宣

宇宙源头信息源，
信息源源妙心显。
净心无我无杂念，
圆融宇宙自流宣。
2010-09-10　21:42:48

登彼岸

三日作偈三十篇，
字字句句解迷团。
金光大道直通天，
有缘自会登彼岸。
2010-09-10　21:45:47

归家园

时节因缘同步天，
天心传递大爱源。
慈悲心切言语断，
单等灵儿归家园。
2010-09-10　21:48:28

化空城

贤岭松风空谷鸣，
浉水鱼翔寂无声。
汲泉煮茗问天青，
云蒸霞蔚化空城。
2010-09-12　19:51:56

笑娑婆

一路行舟一路歌，
茫茫大海走清波。
三山五岳眼前过，
不苦不乐笑娑婆。
2010-09-13　10:01:57

跳入船

野渡无人横棹眠，
不闻风雨浪三千。
戴笠披蓑钓江寒，
大珠小珠跳入船。
2010-09-13　15:04:22

观妙明

天真无邪赤子心，
返本还原归本真。
万象纷杂不闻问，
不观如来观妙明。
2010-09-13　15:28:22

胜有声

锣鼓喧天炮仗鸣，
粉墨登场齐闹腾。
时节因缘万花筒，
此时无声胜有声。
2010-09-13　15:43:31

秦始皇

熙熙攘攘名利场，
来来往往为谁忙？
万里长城哭孟姜，
不见当年秦始皇。
2010-09-13　16:05:02

黑白辨

衣食住行团团转，
做牛做马为哪般？
油尽灯灭业力牵，
阎君铁案黑白辨。
2010-09-13　16:15:42

论福田

阎罗神殿威森严，
阴司诸神受命天。
阴律如山善恶断，
不论尊卑论福田。
2010-09-13　16:31:55

护法神

诸君莫怕见阎君，
阎君铁面有慈心。
君若修心圣道行，
阎君做尔护法神。
2010-09-13　16:47:40

掌升沉

赞叹阎君老乡亲，
娑婆历劫苦修行。
公正严明心至真，
天威浩荡掌升沉。
2010-09-13　16:56:40

度沉沦

地藏菩萨化幽冥，
大愿行深古未闻。
至心孝心慈悲心，
明珠照彻度沉沦。

2010-09-13　17:06:49

觅净心

文殊菩萨般若深，
金刚手掌慧剑行。
弥勒慈心笑红尘，
无我何须觅净心？

2010-09-13　17:29:06

潮自消

知道归知道，
也当不知道。
闹腾随其闹，
潮涨潮自消。

2010-09-14　11:39:31

登天路

慈航普渡出迷途，
正法大道展鸿图。
魔法渐消正法出，
劈风斩浪登天路。

2010-09-14　17:10:48

添翼虎

能量屏障重重布，
突破超升层层阻。
慈航神舟宙心赋，
穿时越空添翼虎。
2010-09-14　17:24:20

正果得

净心精舍十大阁，
阁阁诸佛菩萨坐。
千百万年严考核，
透过考验正果得。
2010-09-15　09:21:31

于斯人

时空调整同步行，
天地人灵互动生。
顺天顺道顺妙心，
天将降任于斯人。
2010-09-15　09:35:18

法无边

能量源源来自天，
心与天合广开源。
圆融无我一体观，
能量无边法无边。
2010-09-15　09:55:51

慧能升

〇师稽首天中尊，
化光化城化亿灵。
正善诚净与佛应，
光光相融慧能升。
2010-09-17　08:51:15

出沉沦

〇师稽首佛中尊，
觉空觉有觉亿灵。
无我无为菩提心，
救度众生出沉沦。
2010-09-17　09:36:24

任升腾

〇师稽首道中尊，
清静无为自然成。
道法自然顺道行，
自在逍遥任升腾。
2010-09-17　09:53:35

归祖庭

〇师稽首神中尊，
规律法则司号令。
天条巍巍共遵循，
净化亿灵归祖庭。
2010-09-17　09:58:46

利群生

〇师稽首仙中尊，
修炼能量享美名。
脱胎换骨身清灵，
上天入地利群生。
2010-09-17　10:41:51

立人伦

〇师稽首圣中尊，
率先垂范世间行。
红尘晦暗做明灯，
道德标尺立人伦。
2010-09-17　11:53:22

显威神

〇师稽首宇宙心，
光子能量无穷尽。
信息源源醒亿灵，
密码调整显威神。
2010-09-17　11:57:06

通天源

有形奔波团团转，
无形精勤转团团。
有形无形装一船，
波波光能通天源。
2010-09-19　15:58:06

珠儿圆

山外青山天外天，
流星如雨落尘寰。
混入泥沙浑不见，
何日能现珠儿圆？
2010-09-19　16:03:37

明光灿

坐地不动行八万，
斗转星移不离天。
一条彩线抛星汉，
穿得珠儿明光灿。
2010-09-19　16:11:01

闻天籁

灾劫信息铺天来，
〇师心痛口不开。
观尽桑田变沧海，
万象更新闻天籁。
2010-09-19　16:22:52

谁信咱

昨夜周游心难安，
遍览众生受熬煎。
欲语还休口无言，
空口白话谁信咱？
2010-09-19　16:34:22

落泪叹

今晨安步天地间，
阵阵秋风铮铮然。
繁花似锦难历寒，
落花落叶落泪叹！
2010-9-19　16:43:49

吾家园

中秋渐近月渐圆，
佳节将至思亲眷。
花好月圆终梦幻，
佛心性海吾家园。
2010-09-19　17:59:45

普天庆

藏头藏尾藏心中，
殷切关爱心血浓。
大道直指归家行，
圆满使命普天庆。
2010-09-20　10:42:25

魔开怀

三藏浩瀚如烟海，
释迦说法为何来？
点亮心灯心花开，
佛不说法魔开怀。
2010-09-20　11:08:37

踏归程

下里巴人围几层，
曲高和寡无人听。
自弹心曲唱妙音，
唤醒亿灵踏归程。
2010-09-20　21:40:10

勤耕耘

阳春白雪几人明？
高山流水遇知音。
一路高歌一路行，
不问收成勤耕耘。
2010-09-20　21:47:07

月自现

中秋不见皓月圆，
一杯清茶问青天。
天心浩荡寂无言，
云消雾散月自现。
2010-09-22　21:20:08

佛自现

一轮明月亿人念，
东升西落走星汉。
妄想执著心波乱，
清净无我佛自现。
2010-09-22　21:28:40

皆妙禅

香茗一盏心悠然，
习习生风身轻安。
天地苍茫遍阅览，
有为无为皆妙禅。
2010-09-22　21:54:23

慧能升

一杯清茶一片心，
一柱心香一份诚。
至心诚敬与佛应，
感应道交慧能升。
2010-09-22　22:09:44

佛密钥

千江有水千江月，
万人无我万人觉。
水清月现月无别，
心空不二佛密钥。
2010-9-22　22:21:57

遍开花

一片丹心绣莲华，
走过秋冬走春夏。
历经艰辛不为他，
唯盼莲池遍开花。
2010-09-22　22:41:39

演道元

时节因缘大道天，
〇师灵感同步玄。
玄之又玄宙心源，
妙之又妙演道元。
2010-09-22　22:52:10

在自心

有感有应万法生，
有求必应万法灵。
无感无应死沉沉，
感应道交在自心。
2010-09-23　21:45:11

离尘寰

名色财食懒散眠，
五欲六尘团团转。
造业受报出头难，
舍欲行道离尘寰。
2010-09-23　21:58:41

尔心田

瓜熟自落顺自然，
功夫深湛妙明显。
真心佛性法万般，
妙法本在尔心田。
2010-09-23　22:06:28

自离苦

众里寻他千百度，
不见真容迷归路。
千里求法觅归途，
无我无为自离苦。
2010-09-25　19:11:50

度幻城

因果业障本体空，
妄想执著苦梦中。
大梦既觉万法同，
如筏喻者度幻城。
2010-09-26　09:28:15

妙法演

显法密法一脉传，
显密密显随机缘。
显密一体无二般，
无非如来妙法演。
2010-09-26　19:38:20

亿灵还

密中密法显中显，
天地人合宙心源。
光之能量佛心传，
直指归家亿灵还。
2010-09-26　19:45:40

需导引

随缘接引迷途人，
改头换面也是亲。
正法大道归佛心，
歧路千万需导引。
2010-09-27　20:51:49

眼不盲

接引使者功无量，
善巧方便导痴妄。
随机随缘点心亮，
心亮心明眼不盲。
2010-09-27　20:58:35

直归元

正法大道通宙源，
密码能量信息传。
密中密法玄中玄，
众妙之门直归元。
2010-09-27　21:04:11

心显化

末法魔法法非法，
正法邪法法乱法。
娑婆秽土遍开花，
法法皆是心显化。
2010-09-27　21:10:37

无量义

宇宙信息皆全息，
能量信息密码集。
一字一句涵显密，
显法密法无量义。
2010-09-27　21:16:34

本无情

兵马未动令先行，
暴雨未至起风云。
风云变幻自然成，
规律法则本无情。
2010-09-27　21:24:09

同归心

外星生灵久已闻，
河内河外一家亲。
高维外缘情义真，
和谐宇宙同归心。
2010-09-27　21:32:07

一条根

三教圣人一家亲，
随机随缘度迷灵。
高维生灵显妙形，
传递妙法一条根。
2010-09-28　11:19:15

法通法

孔子老子同释迦，
一个藤上三个瓜。
开荒下种各显化，
一脉相承法通法。
2010-09-28　11:23:24

佛性妙

至心念佛灵光耀，
妄念执著日日少。
无明渐破灵儿笑，
真心渐显佛性妙。
2010-09-28　11:31:54

回归行

亿灵亿灵亿亿灵，
有形无形皆灵性。
形体虽殊一家亲，
救度同修回归行。
2010-09-28　16:18:19

自然成

灵性同源亦同宗，
灵体因缘和合生。
天生地养育亿灵，
长幼有序自然成。
2010-09-28　16:46:29

妙无边

圆觉圆行大圆满，
佛心性海圆中圆。
能量信息密码团，
自在无边妙无边。
2010-09-29　10:37:40

白云飞

心净身净证妙微，
金刚道心永不退。
六尘虚无五欲坠，
山高岂碍白云飞？
2010-09-29　10:47:05

一波和

大慧觉海花朵朵，
信手拈来演摩诃。
宙心微密层层波，
一波唱来一波和。
2010-09-29　11:00:05

回本源

一日七偈妙法传，
字字句句直指点。
正法大道玄而简，
认祖归宗回本源。
2010-09-29　11:11:11

出迷途

慈航救度回归路，
圆融万法拔众苦。
宇宙本源皈心处，
正本清源出迷途。
2010-09-29　15:01:39

本大同

阴阳互动万法融，
无形有形本体空。
无我无为自融通，
宇宙佛吾本大同。
2010-09-29　16:00:32

天伦笑

道子孝子抱佛脚，
同师同心同慈孝。
诚孝动天佛光照，
拔苦与乐天伦笑。
2010-09-29　16:10:10

○师歌

天行地行人行者，
天地人行与道合。
天道地道人道默，
天地不言○师歌。
2010-09-30　09:27:05

演法妙

行者行道行合道，
心合行合乐逍遥。
环宇星汉走飘渺，
不来不去演法妙。
2010-09-30　09:32:07

开心窍

佛法道法法法妙，
佛祖道祖祖祖笑。
宙心抛下光万条，
接引灵儿开心窍。
2010-09-30　09:38:07

光光融

三教五教教不同，
寻根溯源一条藤。
一藤一根一真情，
回心归家光光融。
2010-9-30　09:44:55

本源清

身在尘世身无影，
脚走娑婆不染尘。
手托虚空空无痕，
心合大道本源清。
2010-9-30　10:13:59

显妙微

一维二维三四维，
五维六维升多维。
提升能量启智慧，
维次时空显妙微。
2010-09-30　10:25:00

好悠闲

大雄宝殿金光湛，
三清宫观紫气旋。
〇师无殿亦无观，
平和平常好悠闲。
2010-09-30　10:34:44

无名去

一日七偈今日毕，
精勤吐丝不拖泥。
呕心沥血不停息，
无名而来无名去。
2010-09-30　10:46:44

不如归去

华夏大地，　星光熠熠。　法缘渐起，　顺应天意。
群贤聚集，　风生水起。　同心同体，　齐心协力。
度人度己，　共创伟绩。　圆觉菩提，　同归家去。
归兮归兮，　莫错天机。　归兮归兮，　莫负佛意。
归兮归兮，　勿忘愿力。　归兮归兮，　亿灵团聚。
归兮归兮，　无有六趣。　归兮归兮，　灾消劫去。
归兮归兮，　极乐无极。　归兮归兮，　勿再迟疑。
归兮归兮，　白驹过隙。　归兮归兮，　莫失缘机。
归兮归兮，　大道明晰。　归兮归兮，　正法普雨。
归兮归兮，　〇师击楫。　归兮归兮，　不如归去。
2010-10-05　11:31:39

妙难言

心转人转天地转，
时变空变宇宙变。
阴阳互动乾坤衍，
大道浩荡妙难言。
2010-10-05　21:45:15

驶宙源

华夏大地妙机缘，
法驾东移不离天。
接引灵儿归家转，
乘风破浪驶宙源。
2010-10-05　21:55:25

正阴阳

浓墨重彩写华章，
挥斥方遒浩气扬。
新时新空新能量，
调整乾坤正阴阳。
2010-10-05　11:59:13

戏洲头

龟山亭观浉水悠，
金桂飘香贤岭秀。
雷沼喷云天际流，
不见神龟戏洲头。
2010-10-06　11:54:19

笑中流

山雨欲来风满楼，
烟波浩渺鬼见愁。
劈风斩浪驾慈舟，
击楫放歌笑中流。
2010-10-06　21:03:41

皆亲眷

举目寻亲步步艰，
泣泪啼血声声唤。
人心肉长顽石坚，
奈何奈何皆亲眷。
2010-10-06　21:23:00

为何来

一声叹息心不语，
两行清泪滚如雨。
三心团抱无声泣，
为何而来为何去？
2010-10-06　21:52:38

家团圆

亲人亲人声声唤，
饱含真情情无染。
沉轮业海千万年，
可愿归家家团圆？
2010-10-06　22:06:14

行方便

无上密法直开点，
无需黄金无需钱。
唯盼唤醒诸英贤，
不惜血本行方便。
2010-10-07　11:19:13

脚不住

万里长征第一步，
安敢轻言享清福。
精舍两载风雨路，
沐风沐雨脚不住。
2010-10-07　21:55:54
纪念净心精舍创建两周年。

102

无不为

苦也甜也已无味，
忙也闲也不可追。
随缘自在演妙微，
无我无为无不为。
2010-10-08　08:21:34

同驾舟

风雨同舟度春秋，
弹指一挥两载周。
随缘随机三界游，
群贤毕至同驾舟。
2010-10-08　08:37:47
纪念净心精舍创建两周年而作。

归性海

源头活水在天外，
无有源头花不开。
宙心能量波波来，
调整密码归性海。
2010-10-08　09:37:35

无量光

寒露深秋日渐凉，
黄叶落花演无常。
春夏秋冬梦一场，
不如归家无量光。
2010-10-08　09:48:54

位何位

当到位时则到位，
当归位时则归位。
当正位时则正位，
错过机缘位何位？
2010-10-08　10:21:08

大吉祥

宇宙浩瀚星无量，
各位其位运行畅。
顺道而行各担纲，
平衡和谐大吉祥。
2010-10-08　10:25:54

天地融

神佛仙圣数无穷，
各位其位显其能。
顺道而行心力同，
圆满回归天地融。
2010-10-08　10:38:10

顺天时

天壤之别人皆知，
天地交融眼前事。
人孕其中转智识，
调整转换顺天时。
2010-10-08　10:48:25

走大千

路遇剑客须呈剑，
剑光闪处烦恼断。
斩却妄执心不乱，
自在逍遥走大千。
2010-10-08　20:40:43

登佛地

楞严神咒难思议，
殊胜加持妙开启。
咒不离口日增益，
直取正觉登佛地。
2010-10-09　08:51:20

同佛祖

楞严神咒佛心出，
无量法力妙用殊。
佛子勤持心不住，
心咒合一同佛祖。
2010-10-09　08:57:30

步步高

正法大道修法妙，
楞严神咒妙中宝。
必修功课增莫少，
神咒助尔步步高。
2010-10-09　09:05:43

直升腾

修心修身修慧能，
智慧能量齐并进。
鸟之双翼车两轮，
慧能具足直升腾。
2010-10-09　15:59:31

道业成

断恶修善净自心，
净化升华步不停。
脱胎换骨旧转新，
天人合一道业成。
2010-10-09　16:08:04

无一异

天地人心本同一，
天地人宇本同体。
妄想执著分别离，
无我合道无一异。
2010-10-09　16:29:41

一盘端

万化万法规律演，
万象万变规律转。
宇宙规律总编纂，
大千小千一盘端。
2010-10-09　16:43:24

同归去

无义亦无密，
〇师不留底。
和盘洒心语，
唯盼同归去。
2010-10-13　21:16:20

见妙微

缘聚缘散缘如水，
大浪淘沙头不回。
浪里淘金虚空碎，
粉碎万象见妙微。
2010-10-18　12:33:17

笑呵呵

如琢如磨	如切如磋。	璞玉雕琢	华彩了若。
〇师呵呵	万象开阖。	行者行者	勿测勿测。
弹指妙和	极乐极乐。	环顾青涩	渐呈华果。
蹉跎蹉跎	岁月如歌。	嗟兮嗟兮	大道运作。
叹兮叹兮	规律法则。	前兮行兮	无苦无乐。
天兮地兮	〇师默默，	宇兮宙兮	〇师和合。
时兮空兮	〇师同德。	法兮道兮	〇师无我。
阅古今兮	浪花一朵。	观多劫兮	流星一颗。
幻无幻兮	法法无著。	歌罢笑兮	呵呵呵呵。

2010-10-27　21:13:14

狮子吼

人间诸苦亲身受，
信解行证步步走。
重重磨砺不开口，
一鸣惊人狮子吼。

2010-10-29　13:23:11

百兽慌

法门龙象威势广，
奈何年幼尚成长。
风雨历练锻灵光，
狮儿哮吼百兽慌。

2010-10-29　13:30:09

一盘棋

心咒合一本至易，　妙心神咒本一体。
妄想我执心咒离，　咒不在口在心语。
心语心密心妙谛，　波波灵光传信息。
信息密码能量体，　万法开启妙心力。
妙心宙心同频率，　大千流转一盘棋。
2010-10-29　20:37:22

性海花

净土十方心显化，
心净亿灵虚空华。
妙有性空不二话，
音传万法性海花。
2010-10-29　21:03:08

拈花谁

一盏新茶千重味，
品茗品心品三昧。
般若真味体妙微，
吃茶无味拈花谁？
2010-10-29　21:08:58

与东西

莫愁前路无知己，
霜雪肃杀足迹稀。
渐入佳境风云起，
不问南北与东西。
2010-11-06　22:18:00

独傲寒

立冬时节夜游园，
灯火如炬照星汉。
不见春日百花艳，
唯见秋菊独傲寒。
2010—11—07　19：06：29
立冬日夜游百花园赋诗一首。

心妙微

日月星辰眼前飞，
动动思维自来归。
信手拈来弹指挥，
心密心印心妙微。
2010—12—15　20：50：14

本不玄

人间万变未离天，
因缘和合规律现。
净化升华融道源，
至简至易本不玄。
2010—12—15　21：00：38

妙心观

各教经典卷帙繁，
几人能悟妙义玄？
执持经本心口乱，
不若放下妙心观。
2010-12-15　21:06:17

亦同体

天现三日不稀奇，
天象异变有奥秘。
天变地变人变异，
天地同气亦同体。
2011-01-09　20:26:38

灵归复

混沌无极妙空无，
地天造化亿灵母。
神佛天仙造物主，
认祖归宗灵归复。
2011-01-10　13:12:08

星汉灿

大寒不觉天已寒，
十指如冰燃旃檀。
未闻钟鼓震灵山，
但观浩渺星汉灿。
2011-1-24　21:26:00

111

一指禅

行者孤影照冷案，
不吹暖气不燃炭。
心语不吐心无眠，
两指跳跃一指禅。
2011-01-24　21:33:14

道人闲

万家灯火渐入眠，
万籁俱寂幻大千。
万物万法心幻现，
风来雨去道人闲。
2011-01-24　21:39:50

忆故乡

一年一年光阴恍，
一岁一岁五味尝。
酸甜苦辣疲奔忙，
回光返照忆故乡。
2011-01-25　12:46:19

真家乡

无量寿佛无量光，
慈心无量悲无量。
接引之光照十方，
放下回归真家乡。
2011-01-25　12:55:58

心渐亮

一路欢歌一路唱，
彻天彻地震十方。
有形无形法雨降，
群萌群迷心渐亮。
2011-01-25　13:00:43

百姓是

不谈政治不谈事，
不说是非不乱世。
慈心悲心精诚至，
方外之人百姓是。
2011-01-26　21:21:46

珠儿圆

冰清玉洁落九天，
晶莹剔透洒尘寰。
欲将精魂掌中观，
忽地不见珠儿圆。
2011-01-27　21:45:46

飘莲池

辞旧迎新观尘世，
辛卯如约如期至。
行者无意天下事，
笑看莲香飘莲池。
2011-02-02　23:23:52

本无语

零时无声悄然至，
时间无终亦无始。
坐地日行八万里，
宇宙运行本无语。
2011-02-02　23:51:48

感净土

窗外爆竹震天宇，
龙腾神州今胜古。
日新月异心做主，
心佛不二感净土。
2011-02-03　00:04:59

亦行船

翻过旧历谱新篇，
指点激昂宏图展。
阳春白雪通天玄，
下里巴人亦行船。
2011-02-03　00:20:20

登高巅

一层高天一层幻，
一场磨难一场炼。
婆婆熔炉真金现，
借假修真登高巅。
2011-02-03　00:29:02

需时日

行者无心观莲池，
亦有放光亦有逝。
浪里淘金历尘世，
千锤百炼需时日。
2011-02-03　00:39:22

唤懵懂

行者无行舟自横，
不观浩劫不观空。
闲来无事歌且咏，
恍兮惚兮唤懵懂。
2011-02-03　00:45:48

归家去

行者无言亦无语，
随心随感谱新曲。
新曲心曲无他意，
唯盼亿灵归家去。
2011-02-03　00:58:06

信愿行

守得云开见月明，
通透魔障现圣真。
浊浪翻滚水本净，
如如不动信愿行。
2011-02-03　01:06:05

代金钱

师徒相伴除夕欢，
送走虎年接兔年。
做得十偈赠亲缘，
以此压岁代金钱。
2011-02-03　01:14:07

出尘寰

山高路远非等闲，
螺旋升进步步艰。
信解行证道心坚，
净化升华出尘寰。
2011-02-03　20:46:03

付笑谈

风急浪高若等闲，
风雨飘摇皆幻现。
但观自在万法显，
风雨同舟付笑谈。
2011-02-03　20:55:15

愿圆元

千锤百炼本等闲，
烈火之中生金莲。
功圆果满归本源，
原缘渊源愿圆元。
2011-02-03　21:04:52

复平衡

立春时节日融融，
气候不与往日同。
四季转换顺道行，
地球调整复平衡。
2011-02-04　19:53:27

本妙明

大道行者顺道行，
规律法则守平衡。
无我无为证无生，
大道自然本妙明。
2011-02-04　20:04:48

破迷局

大道行者行天地，
断恶修善净心意。
自觉觉他演菩提，
妙觉实行破迷局。
2011-02-04　20:17:26

普天乐

天条巍巍震天罗，
大罗神仙难逃脱。
觉者畏因迷畏果，
同修同觉普天乐。
2011-02-04　21:35:21

万法融

正法大道法融通，
从古至今本来同。
正本清源归元空，
空无无空万法融。
2011-02-05　19:28:58

自然成

正法大道规律融，
宇宙演变规律控。
规律法则不传令，
万宇运行自然成。
2011-02-05　19:41:25

灵归元

正法大道随缘现，
末法魔法需清源。
正法邪法乱一团，
返本复原灵归元。
2011-02-05　19:52:18

同一体

密中密法无秘密，
大道至简法至易。
天心地心人心一，
亿灵万法同一体。
2011-02-06　20:00:27

妙菩提

密中密法密中密，
至简至易无玄虚。
心正心善净心意，
心诚相应妙菩提。
2011-02-06　20:06:26

心显化

密中密法法中法，
能量信息和密码。
万宇皆是能量花，
万法皆是心显化。
2011-02-06 20:12:56

皆佛刹

密中密法本无法，
宇宙运行妙显化。
接引灵子指归家，
向善向佛皆佛刹。
2011-02-07 20:10:33

性海花

密中密法法演法，
大千世界本虚化。
身在娑婆未离家，
真心灵性性海花。
2011-02-07 20:19:59

一藤瓜

密中密法宇宙法，
不分宗派不分家。
万宇亿灵一体化，
十方佛刹一藤瓜。
2011-02-07 20:28:29

道无密

说显说密说妙义，
谈佛论道演规律。
宇宙运行无言语，
天地不言道无密。
2011-02-08　19:22:39

大道扬

神佛仙圣本平常，
同宗同祖同家乡。
层次虽异心一样，
净化升华大道扬。
2011-02-08　19:38:31

亿灵安

诸祖诸宗教门源，
开枝散叶渊源远。
源远流长迷本面，
回归源头亿灵安。
2011-02-08　19:47:51

地不哭

春雨春雪润后土，
滴滴真情洒甘露。
天若有情天吐哺，
地若无情地不哭。
2011-02-09　19:49:00

法自然

春意料峭风犹寒，
大日虽耀云未散。
此消彼长大道转，
魔弱法强法自然。
2011-02-09　20:07:02

密码换

乌云遮月难蔽天，
满天星斗依然灿。
斗转星移寂悄然，
能量信息密码换。
2011-02-09　20:21:58

一场幻

日月经天时空换，
日复一日岁月添。
静观宇宙万般变，
变来变去一场幻。
2011-02-10　13:22:02

一场戏

三界六道因心起，
妄想分别造迷局。
随业所牵自沉迷，
演来演去一场戏。
2011-02-10　13:34:13

本妙明

五欲六尘妄心生，
烦恼习气难清净。
看破放下归心灵，
无执无障本妙明。
2011-02-10　13:40:49

登高巅

金光大道直通天，
重重高天重重玄。
脱胎换骨密码转，
净化升华登高巅。
2011-02-11　12:54:58

进层天

正法大道末法现，
末法魔法乱乱乱。
法鼓震天乾坤换，
地球提升进层天。
2011-02-11　13:03:16

归本源

密中密法宙心传，
天心地心佛心演。
无宗无派一体缘，
直指归家归本源。
2011-02-11　13:12:18

心清凉

层层高天层层光，
密码信息能量场。
净化升华增能量，
层层升进心清凉。
2011-02-12　12:19:08

自然成

层层高天无止境，
一层一层往上升。
无我无为顺道行，
无求无得自然成。
2011-02-12　12:24:25

佛果成

层层高天重重证，
信解行证力精勤。
累劫修积步步升，
觉行圆满佛果成。
2011-02-12　12:31:16

妙显化

语文歌舞信息画，
感通调理净佛刹。
密中密法朵朵花，
真心灵性妙显化。
2011-02-13　11:09:24

为解渴

佛心性海花万朵，
随机随缘现娑婆。
法门无量杯具多，
手掬清水为解渴。
2011-02-13　11:15:14

同提升

天心地心亿灵心，
能量波动需平衡。
调理调整调波频，
同频同振同提升。
2011-02-13　11:32:57

灵光熠

至清净妙无量密，
密码信息能量聚。
法号四字涵万息，
浪里淘金灵光熠。
2011-02-14　16:43:20

果菩提

宙心慈悲开微密，
至清净妙摄六趣。
榜上有名有根系，
根深叶茂果菩提。
2011-02-14　16:49:26

振宇内

佛心性海显妙微，
至清净妙法中髓。
正本清源荡浊秽，
平衡阴阳振宇内。
2011-02-14　16:58:26

轮回苦

净化升华回归路，
破迷开悟心不住。
愿心无量化迷途，
度脱众生轮回苦。
2011-02-15　13:14:33

笑诸佛

天天地地人人我,
诸相虚幻我不著。
如如不动水无波,
拈花一笑笑诸佛。
2011-02-15　13:23:36

演般若

天天地地本无我,
妄想分别显能所。
能所皆空不住着,
十方圆明演般若。
2011-02-15　13:30:46

度有缘

末法时期行道难,
步步磨难步步艰。
谨言慎行巧周全,
方便圆融度有缘。
2011-02-16　12:01:48

放光华

魔法时期鱼龙杂，
粉墨登场乱如麻。
断恶修善净当下，
无我无为放光华。
2011-02-16　13:17:59

自性光

末法魔法重重障，
劫火浊焰亿灵殇。
慧剑斩却痴心妄，
心净佛现自性光。
2011-02-16　13:27:03

不停歇

天罗地网罩法界，
亿灵回归历尘劫。
重重磨难不退却，
菩提大道不停歇。
2011-02-17　14:25:00

万法随

救度同修大回归，
三面大旗法界巍。
宇宙旋律规律推，
历史浩荡万法随。
2011-02-17　14:32:38

月本明

〇师归零寂无声，
无色无音亦无形。
源源心波布微尘，
云尽烟散月本明。
2011-02-17　14:41:16

不再有

法在汝心，　莫外求。
历事炼心，　净心修。
脚踏实地，　莫等候。
机缘错过，　不再有。
2011-02-20　11:32:56

无题

春意料峭雨蒙蒙，
车水马龙人匆匆。
熙熙攘攘名利空，
不若随缘自在行。

2011-02-28　12:56:10,今日上午走在下班的路上，　春风刺骨，　细雨飘洒，　看见人来人往，　工农商学兵各行各业，　老老少少奔波风雨中，　有感而赋诗一首。

春日有感

雾散日现柳如烟，
浉水无声贤岭远。
春风吹面寒中暖，
浑然不觉时令转。

2011-03-02　11:32:37,刚刚下班的路上，　走在春风里，沐浴春日阳光，　身心舒泰，　有感而发赋诗一首。

天寂寞

悠悠浉水日夜歌，
苍苍贤岭无声和。
行者常念过往客，
人走茶凉天寂寞。
2011-03-08　13:32:55

地无色

南湾湖水泛清波，
燕尾岛畔舞轻罗。
行者常念天外客，
余音绕梁地无色。
2011-03-08　13:44:46

人何若

贤岭松风鸣幽壑，
乍听似有近无得。
行者常念名利客，
秦皇汉武人何若？
2011-03-08　13:59:30

醒亿灵

殷切叮嘱道不尽，
字字句句涵真情。
行者万语难尽心，
声声呼唤醒亿灵。
2011-03-09　13:04:58

地舒张

东瀛地动海啸强，
撕心裂肺能量放。
波波能量调阴阳，
阵痛颤抖地舒张。
2011-03-13　20:21:24

步步惜

天天地地一局棋，
神佛仙圣一子兮。
规律道法演全局，
步步慈悲步步惜。

2011-03-13　20:56:10

行者歌

群贤毕至曼陀罗，
少长咸集演般若。
昔日胜景千帆过，
大道空灵行者歌。

2011-03-13　21:07:09

母责骂

响鼓无需重槌敲，
快马不必皮开花。
力牛不用棍棒下，
孝子哪需母责骂。

2011-03-13　21:16:31

回心转

莲华盏盏娑婆现，
慧能无量照大千。
心血舍利云雷宣，
净化亿灵回心转。
2011-03-15　12:55:39
上午走在下班的路上，　有感而作。

娑婆现

净化亿灵回心转，
心血舍利云雷宣。
慧能无量照大千，
莲华盏盏娑婆现。
2011-03-15　13:29:38

照大千

心血舍利云雷宣，
净化亿灵回心转。
莲华盏盏娑婆现，
慧能无量照大千。
2011-03-15　13:31:19

云雷宣

慧能无量照大千，
莲华盏盏娑婆现。
净化亿灵回心转。
心血舍利云雷宣。
2011-03-15　13:33:07

摩尼化

一尊金佛没尘刹，
一颗明珠淹泥沙。
云尽水枯泥沙下，
皓月当空摩尼化。
2011-03-17　13:43:32

融空灵

人有三魂天地人，
天魂为本地为分。
人魂五蕴著我生，
无我无为融空灵。
2011-03-19　14:35:33

一家亲

天魂源天本元灵，
光洁光明耀天庭。
神佛仙圣角色分，
亲缘法缘一家亲。
2011-03-19　14:39:25

难显灵

地魂投胎入凡尘，
元灵化光因缘生。
入胎住胎长成人，
假我妄执难显灵。
2011-03-19　14:45:18

尘归尘

人魂妄想分别生，
认贼为父假作真。
幻躯画皮苦经营，
梦醒时分尘归尘。
2011-03-19　14:51:38

凡转圣

无我人魂频率升，
顺道地魂不见影。
净化升华融光明。
三魂合一凡转圣。
2011-03-19　14:58:52

助尔成

天人合一法力胜，
承当使命大道行。
正位披挂施号令，
有形无形助尔成。
2011-03-19　15:06:25

了无痕

亿灵亿灵本一〇，
太极无极本未分。
阴阳转换万法生，
灵归〇分了无痕。
2011-03-19　15:17:58

登天梯

莫以凡心测圣意，
勿以凡间拟天体。
时时观心诸妄息，
一步一步登天梯。
2011-03-19　21:55:02

效菩萨

汝观天外七彩霞，
奇光异彩汝本家。
一道真灵红尘化，
出尘化尘效菩萨。
2011-03-19　22:05:52

资金先

无形之事无形办，
有形使命有形担。
无形运行无需钱，
有形运作资金先。
2011-03-25　13:42:50

止儿啼

欲以言语解○义，
穷劫难尽不思议。
勉强开示演微密，
亦是黄叶止儿啼。
2011-03-30　13:06:49

狮儿啸

宇宙星河空浩渺，
千山万水路迢迢。
心血舍利普天照，
棒喝提点狮儿啸。
2011-03-30　13:37:20

观尔行

可笑狮儿困笼中，
可笑狮儿与猫同。
可笑狮儿不显圣，
笑罢言尽观尔行。
2011-03-30　13:45:53

无冤鬼

奈何天罗战鼓擂，
奈何诸佛法鼓催。
吾心慈悲天条巍，
天机运行无冤鬼。
2011-04-01　13:40:29

观残灵

儿郎不妨静心听，
重重高天号令行。
无形推动有形运，
慈悲不忍观残灵。
2011-04-01　13:45:28

归家园

宇宙星河瀚无边，
千叶宝莲灵光闪。
光彻大千慈悲现，
心净心连归家园。
2011-05-17　21:27:48

笑拈花

心猿意马乱如麻，
般若慧剑斩当下。
境界万千终虚化，
心无所住笑拈花。
2011-05-21　08:34:46

真心现

烟雨蒙蒙地连天，
凝神听雨净心观。
雨打芭蕉玉珠溅，
回光返照真心现。
2011-05-22　11:01:41

心本源

宇宙星河阴阳转，
山河大地乾坤变。
绵绵运行源不断，
万法能量心本源。
2011-05-22　11:11:09

跃莲华

黄河锦鲤栖泥沙，
流浪翻转迷失家。
一朝听闻心妙法，
逆水破浪跃莲华。
2011-05-22　11:21:34

出凡尘

鱼跃龙门化龙身，
脱胎换骨历艰辛。
天火烧尾去凡根，
去除凡根出凡尘。
2011-05-22　11:32:18

同归元

滚滚红尘烈火焰，
千锤百炼自性显。
三界火宅片难安，
圆满使命同归元。
2011-05-22　11:40:04

度彼岸

五浊恶世浪涛天，
业海茫茫泪成潭。
儿郎放下莫沾染，
心净身净度彼岸。
2011-05-22　11:45:32

快快快

〇妙本无爱，
不忍亲淘汰。
心血连天外，
快快快快快！
2011-06-15　13:42:55

急急急

〇妙本无偈，
不忍众生迷。
心血演法语，
急急急急急！
2011-06-15　13:47:33

如如如

〇妙本无住，
不忍灵儿苦。
心血指归路，
如如如如如！
2011-06-15　13:47:33

呵呵呵

7月朝普陀，
可有同行者？
〇妙不可说，
呵呵呵呵呵！
2011-06-17　12:17:50

乐乐乐

7月朝普陀，
可有同舟者？
○妙笑呵呵，
乐乐乐乐乐！
2011-06-17　12:23:06

合合合

7月朝普陀，
可有同心者？
○妙游佛国，
合合合合合！
2011-06-17　12:27:22

贺贺贺

7月朝普陀，
可有同道者？
○妙不是客，
贺贺贺贺贺！
2011-06-17　12:34:23

和和和

7月朝普陀，
可有同德者？
○妙击楫歌，
和和和和和！
2011-06-17　12:40:29

赫赫赫

7月朝普陀，
可有同威者？
○妙双手托，
赫赫赫赫赫！
2011-06-17　12:46:38

过过过

7月朝普陀，
可有同愿者？
○妙走娑婆，
过过过过过！
2011-06-17　12:50:44

大自在

雨来风来九天来，
风声雨声通天籁。
拂尘高举落案台，
自在自在大自在。
2011-06-18　08:34:32

三无碍

雨携风势铺天来，
风助雨威山河盖。
渺渺茫茫融三才，
三盘三轮三无碍。
2011-06-18　08:48:55

不清凉

一手推开案前窗，
万点风雨扑心房。
浉水不见贤首苍，
夏日何处不清凉。
2011-06-18　08:58:15

不观天

可怜可叹痴心汉，
风雨交加团团转。
何时得度身心安，
不观风雨不观天。
2011-06-18　09:11:23

问出期

可悲可惜迷情女，
风雨交集犹自惜。
粉面油头红尘里，
爱河滚滚问出期。
2011-06-18　09:22:04

当开启

如泣如诉地心语，
如歌如曲天心偈。
交响交织万全息，
佛子灵子当开启。
2011-06-18　09:31:06

行大道

万般摩尼万般妙，
亿亿灵儿亿万骄。
心无系缚无恶恼，
无我无为行大道。
2011-06-18　09:39:14

游佛国

7月朝普陀，
同行何其多！
〇妙不可说，
俱会游佛国。
2011-06-24　07:41:14

默无语

观天观地观妙密，
行者难言悲中喜。
万丈白发丝丝系，
一把老泪默无语。
2011-06-27　08:25:35

游佛国

后天朝普陀，
同行何其多！
〇妙不可说，
俱会游佛国。
2011-06-28　18:09:41

游佛国

明日朝普陀，
同行何其多！
〇妙不可说，
俱会游佛国。
2011-06-29　06:42:19

游佛国

今日赴宁波，
同行含六合！
〇妙不可说，
俱会游佛国。
2011-06-30　05:36:07

不如来

乘舟渡南海，
普陀观自在。
〇妙乐开怀，
无处不如来。
2011-07-01　05:38:31

大道行

礼敬观世音,
慈悲演普门。
〇妙愿同心,
洛珈大道行。
2011-07-02　05:32:07

化尘刹

七月初一朝九华,
地藏大愿吾效法。
莲花佛国心无他,
度脱众生化尘刹。
2011-07-08　17:49:15

娑婆化

七月初一朝九华,
地藏道场演妙法。
无我无为行当下,
顺道而行娑婆化。
2011-07-09　07:14:04

地狱化

七月初一朝九华,
地藏大愿甘露洒。
幽冥世界演妙法,
慈悲救度地狱化。
2011-07-09　07:24:32

饿鬼化

七月初一朝九华，
地藏大愿甘露洒。
惨苦鬼道演妙法，
慈悲救度饿鬼化。
2011-07-09　07:30:38

旁生化

七月初一朝九华，
地藏大愿甘露洒。
愚痴畜生演妙法，
慈悲救度旁生化。
2011-07-09　07:36:39

修罗化

七月初一朝九华，
地藏大愿甘露洒。
嗔恚无天演妙法，
慈悲救度修罗化。
2011-07-09　07:38:36

天道化

七月初一朝九华，
地藏大愿甘露洒。
诸天福乐演妙法，
慈悲救度天道化。
2011-07-09　07:40:43

三界化

七月初一朝九华，
造福苍生甘露洒。
普济亿灵演妙法，
慈悲救度三界化。
2011-07-09　07:44:34

同愿化

七月初一朝九华，
广结善缘同归家。
一体同心演妙法，
合心合力同愿化。
2011-07-09　07:47:47

智慧化

七月初一朝九华，
地母慈悲甘露洒。
山河大地演妙法，
摩诃般若智慧化。
2011-07-09　07:51:56

规律化

七月初一朝九华，
苍天无语甘露洒。
宇宙星河演妙法，
不遗一灵规律化。
2011-07-09　07:55:07

天道化

七月初一朝九华，
地藏大愿甘露洒。
诸天福乐演妙法，
慈悲救度天道化。
2011-07-09　07:40:43

三界化

七月初一朝九华，
造福苍生甘露洒。
普济亿灵演妙法，
慈悲救度三界化。
2011-07-09　07:44:34

同愿化

七月初一朝九华，
广结善缘同归家。
一体同心演妙法，
合心合力同愿化。
2011-07-09　07:47:47

智慧化

七月初一朝九华，
地母慈悲甘露洒。
山河大地演妙法，
摩诃般若智慧化。
2011-07-09　07:51:56

规律化

七月初一朝九华,
苍天无语甘露洒。
宇宙星河演妙法,
不遗一灵规律化。
2011-07-09　07:55:07

合一化

七月初一朝九华,
天地无我甘露洒。
天天地地演妙法,
我融地天合一化。
2011-07-09　07:58:36

同频化

七月初一朝九华,
地天无为甘露洒。
地地天天演妙法,
顺道而行同频化。
2011-07-09　07:59:45

笑捋髯

归〇归〇妙难言,
归〇归〇道合天。
得道亡言寂默然,
欲语还休笑捋髯。
2011-07-11　08:05:22

至简易

密中密法无秘密，
正本清源直白语。
直指人心破痴迷，
直指归家至简易。
2011-07-17　08:08:43

遍地花

末法魔法演法华，
步步维艰鱼龙杂。
无我无为行当下，
风雨过后遍地花。
2011-07-20　07:50:00

夏日游净居寺有感

梵天古寺古木深，
香火淡然不见僧。
断壁残垣说道情，
犹闻东坡读书声。
2011-07-22　06:54:29

登王母观有感

王母座下起莲台，
天地造化无心栽。
阴阳平衡花欲开，
一道灵泉九天来。
2011-07-22　07:01:42

王母观上赞王母

王母观上赞王母，
灵泉救苦万民福。
九五之尊身匍匐，
大慈大悲做怙主。
2011-07-22　07:09:11

王母观上答王母

王母观上答王母，
一朵莲花吾赠汝。
舟行三界不辜负，
同心协力开天路。
2011-07-22　07:14:52

王母观上酬王母

王母观上酬王母，
两袖清风香三柱。
黄表三道炮三度，
直达九霄云深处。
2011-07-22　07:22:32

王母观上谢王母

王母观上谢王母，
礼敬感恩护持助。
无以为报洒甘露，
引领亿灵踏归途。
2011-07-22　07:26:11

王母观上嘱王母

王母观上嘱王母，
亿灵遭劫需救度。
慈母慈心慈悲怙，
威神威力导迷途。
2011-07-22　07:31:44

无量能

佛子勿怨佛无灵，
反观自心可诚敬？
正善清净与佛应，
无量光明无量能。
2011-07-24　07:34:52

网络开

乐哉乐哉乐开怀，
妙哉妙哉妙自在。
轻敲键盘法自来，
灵山法会网络开。
2011-07-24　08:00:22

有玄密

观天察地默无语，
一柄玉拂扫太虚。
笑看斗转星汉移，
原来葫芦有玄密。
2011-07-26　07:57:40

可持续

天威浩荡地孕育，
天父地母亿灵息。
天地人和顺天意，
顺天合道可持续。
2011-07-27　07:52:54

踏归程

明日启程九华行，
九九归真冥中应。
顺天合道万法生，
万法生处踏归程。
2011-07-28　08:40:51

天外闻

今晨启程九华行，
龙天欢欣雨洒尘。
大音希声法鼓震，
一路高歌天外闻。
2011-07-29

天不热

一叶慈舟游娑婆，
能量风暴宙心波。
站站点点周游过，
烈日炎炎天不热。
2011-08-04　16:57:44

引亿灵

争分夺秒疾步行，
心无所著如律令。
天机运转紧跟进，
乘风破浪引亿灵。
2011-08-09　23:43:06

度灵归

七月廿三飞峨眉，
普贤大行吾愿随。
三山五岳眼前飞，
业海茫茫度灵归。
2011-08-18　19:59:15

归宙心

圆融圆通大道行，
无我无为如律令。
三才三盘同频振，
回心回家归宙心。
2011-08-20　07:46:10

鲤鱼跳

行者无疆合妙道，
圆融圆通走逍遥。
轻弹柔指龙虎啸，
坐观龙门鲤鱼跳。
2011-08-21　07:43:33

不观潮

可笑可笑真可笑，
一浪更比一浪高。
鱼虾痴妄肆意闹，
龙翔九天不观潮。
2011-08-22　07:19:46

且前行

心血舍利洒凡尘，
奈何凡尘魔障深。
甘露难洗亿灵净，
且观且待且前行。
2011—08—22　07：45：02

大道隐

一片丹心济亿灵，
愚迷凡心测圣情。
抚髯苦笑叹连声，
不若归去大道隐。
2011—08—22　07：54：02

情何堪

殷切咐嘱声声唤，
苦口婆心血泪溅。
流浪生死愚痴顽，
神佛忧愁情何堪。
2011—08—22　09：00：45

是行者

天河浩渺本无波，
行者心曲亿灵和。
沧海桑田久劫多，
行者依然是行者。
2011—08—28　07：43：32

方真情

天地无情规律行，
天地有情度亿灵。
世爱俗情六道滚，
大慈大悲方真情。
2011-09-01　07:09:51

回宙心

时空流转愁煞人，
白骨如山血泪浸。
地球过客尘归尘，
不如归去回宙心。
2011-09-01　07:14:27

道密语

真言神咒显微密，
字字心血能量聚。
信息密码宙心启，
直捷了当道密语。
2011-09-03　07:47:54

升升升

常诵真言与师应，
正诚善净开心门。
心心相印同愿行，
同波同频升升升！
2011-09-03　07:56:24

159

直取正觉

修行犹如登高巅，　步步艰辛直向前。
修行犹如烈火炼，　浴火重生现金莲。
修行犹如磨利剑，　千锤百炼般若焰。
修行犹如逆水船，　不进则退力争先。
　　　　道心坚固、　勇猛精进、
　　　　觉而力行、　直取正觉。
　　　2011-09-05　07:05:30

照大千

中秋佳节明月圆，
彩云追月不离天。
心似皓月当空悬，
无系无缚照大千。
2011-09-12　06:59:20

本妙明

中秋佳节明月净，
月光如水洒凡尘。
净天净地净人心，
光光相融本妙明。
2011-09-12　07:09:15

冷清清

中秋佳节倍思亲，
团圆天伦人常情。
人间亲眷热腾腾，
天上宫阙冷清清。
2011-09-12　07:16:47

盼归程

冷冷清清清清冷，
白发老人孤伶仃。
儿孙亿万下界行，
翘首期盼盼归程。
2011-09-12　07:24:31

潮头立

秋风秋雨路人稀，
〇妙弹指点太虚。
金光大道通天地，
一叶慈舟潮头立。
2011-09-19　20:52:28

似流云

秋风秋雨愁煞人，
迷迷蒙蒙遍地金。
车水马龙奔前程，
熙熙攘攘似流云。
2011-09-19　20:57:20

大光明

秋风秋雨秋色冷，
冷冷清清心如镜。
镜中观月月无影，
影中观月大光明。
2011-09-19　21:04:07

迷龙睛

秋风秋雨秋夜静，
万丈红尘浊浪滚。
欲抛丝绦钓金鳞，
奈何泥沙迷龙睛。
2011-09-19　21:09:54

访〇空

秋风秋雨秋意浓，
阵阵清香入心胸。
推窗远眺夜空蒙，
谁家木樨访〇空？
2011-09-19　21:22:15

归本座

秋风秋雨秋叶落，
叶落归根不放歌。
放歌宇内唤过客，
过客无住归本座。
2011-09-19　21:31:12

精勤多

秋风秋雨秋实硕，
无有耕耘何来果？
君观诸佛莲台坐，
可知旷劫精勤多？
2011-09-19　21:37:54

老百姓

〇妙非吾名，
大道本无生。
显密化红尘，
一个老百姓。
2011-09-20　07:30:39

算一个

劝君莫执师为佛，
师为流星过娑婆。
燃烧身心光不多，
点亮一个算一个。
2011-09-24　07:17:06

莫笑我

劝君莫执师为佛，
肚子饿了不托钵。
座无莲华行坐车，
到了灵山莫笑我。
2011-09-24　07:24:40

不观浊

劝君莫执师为佛，
一叶慈舟走碧波。
红尘浊浪眼前过，
不观清净不观浊。
2011-09-24　07:20:58

有恒河

劝君莫执师为佛，
出身寒门苦为乐。
常听淮河昼夜歌，
不知印度有恒河。
2011-09-24　07:32:06

化娑婆

劝君莫执师为佛，
四九高天不作客。
无有吃喝无事做，
怎比释迦化娑婆。
2011-09-24　07:38:28

都乐呵

劝君莫执师为佛，
一道灵光透星河。
逍遥自在做行者，
有船无船都乐呵。
2011-09-24　07:48:35

怎作佛

劝君莫执师为佛，
一言一语真心说。
诸祖诸佛莫笑我，
鹤发白须怎作佛？
2011-09-24　07:51:42

落玉盘

宙心之光落九天，
飘飘洒洒润尘凡。
心光化作语万千，
大珠小珠落玉盘。
2011-10-25　07:48:50

万佛笑

佛子不畏万里遥，
虔心至诚行圣道。
释迦有灵赠妙宝，
一佛觉悟万佛笑。
2011-10-28　07:16:51

汝作何

无量劫前佛是我，
无量劫后我是佛。
劫前劫后皆作佛，
眼前当下汝作何？
2011-11-03　07:17:33

莫做窝

天河风浪几度波，
亿灵流转断魂歌。
唤醒家亲莫蹉跎，
三界火宅莫做窝。
2011-11-06　08:21:35

塑金身

真信切愿实行证，
以身演道化堪忍。
度己度人步莫停，
借假修真塑金身。
2011-11-12　07:34:36

浊浪滚

〇师本是方外人，
拖具死尸化红尘。
以身演道说家珍，
抚髯笑看浊浪滚。
2011-11-15　07:20:19

且浩荡

抚髯笑观天河浪，
烟波浩渺历沧桑。
轻弹长剑踏云上，
且行且歌且浩荡。
2011-11-15　07:27:54

也如空

冬雷冬雨冬风冷，
转眼雨停日高升。
〇师闲坐观空灵，
空空如也也如空。
2011-12-02　08:44:10

即楞严

楞严神咒妙难言，　　至高无上度人天。
降伏魔怪顺风船，　　离此神咒果难圆。
末法魔法乱乱乱，　　邪法邪师险险险。
宇宙高维倡楞严，　　一招制敌化魔难。
佛子灵子回心观，　　勤持楞严不退转。
正法大道楞严鉴，　　密中密法楞严宣。
一部楞严天下安，　　一部楞严亿灵欢。
大白伞盖无厄难，　　大白伞盖祥和天。
阴晴雨雪汝莫管，　　大白伞盖莫离肩。
风急浪高汝莫观，　　大白伞盖顶上展。
诽谤攻击汝莫转，　　大白伞盖当空悬。
一切有为皆虚幻，　　万法生灭皆因缘。
不著于相心不乱，　　心无所住自轻安。
如如不动妙法演，　　不来不去梦中言。
妙哉妙哉佛性宣，　　妙哉妙哉大白伞。
佛子灵子莫羡叹，　　妙明真心即楞严。

2011-12-14　08:24:07

星汉抖

正本清源溯源头，
源头无尽空悠悠。
随手拈来红尘嗅，
一声喷嚏星汉抖。

2011-12-29　22:06:51

167

愁白头

星汉灿烂不见首，
恍兮惚兮度春秋。
击楫作歌杯无酒，
天河浩渺愁白头。
2011-12-29　22:12:12

万古愁

白头老翁寂寞游，
长须飘飘虚空走。
欲将家珍付心头，
奈何心头万古愁。
2011-12-29　22:18:23

本无垢

人言最珍心头肉，
佛言亿灵在心头。
佛心人心无鸿沟，
心心相应本无垢。
2011-12-29　22:27:58

演妙玄

山外青山天外天，
佛子灵子往上观。
白首老翁聚云端，
霞光万道演妙玄。
2011-12-29　22:40:30

扰太虚

天天地地一局棋，
步步艰辛步步易。
本来一切顺天意，
奈何人心扰太虚。
2011-12-29　22:44:52

顺规律

地地天天一场戏，
戏里戏外演妙谛。
无有导演无编剧，
借假修真顺规律。
2011-12-29　22:47:37

自心〇

佛子顶礼天外天，　　宙心老人笑捋髯。
孺子可教佛心安，　　不诚怎堪得真传？
无上至宝宙心源，　　波波能量源不断。
万金不卖赠亲缘，　　不知珍惜不能宣。
佛子灵子至心虔，　　有感有应天开眼。
人心人脑乱乱乱，　　佛心道心同心圆。
同心同体同运转，　　同波同频同升天。
法船虽幻真心观，　　能量风暴三界显。
若无因缘至诚感，　　亿灵何处见法船？
救拔超度时空点，　　神佛慈悲〇师演。
若无因缘至诚感，　　亿灵如何得救援？
尔等妄执不周全，　　众灵苦海泪如泉。
险失良机错因缘，　　一错百错难见天。
老人计议献策三，　　〇师还需自决断。
老人今日密言传，　　儿孙各自心灵安。
计议半日无论断，　　顺水推舟巧行船。
天上人间皆周全，　　好人好做恶人难。
也罢也罢〇师断，　　也罢也罢吐真言。
我佛慈悲古亦然，　　降格以求度良贤。
若非时空急转换，　　怎会妙宝洒人间。
若非天门洞开限，　　怎会大道直指玄。
若非运行至关键，　　怎会至珍不值钱。
若非〇师发大愿，　　怎会法船周游遍。
若非皆是至亲缘，　　怎会共鸣真情宣。

佛子灵子听令前，如律如令勿迟延。
法船不日至草原，化度亿灵归家转。
法船不日至草原，化度亿灵归家转。
勿痴勿迷勿贪恋，机缘错过难再现。
时节因缘如闪电，稍纵即逝莫怨天。
看破放下汇站点，秉承接引速登船。
登船度过阴阳涧，乘舟永登解脱岸。
佛子灵子净心观，依教奉行不退转。
救人度人功果建，重塑金身莲台站。
天河大会亿灵欢，欢聚一堂祥和天。
此经此文世间鲜，〇师真心自流宣。
今日奉与众有缘，慈悲无量爱无边。
时至子时夜寂然，佛子灵子仍在线。
为师温慰心赞叹，精进勇猛非一般。
同心同波同渊源，手手相牵心心连。
心心相应同归元，圆融圆通佛性天。
今日付汝秘密言，能否接法自心〇。

2011-12-29   23:59:20

万古传

旧债未了新债翻，　　灵儿痴迷身何堪。

〇师言此心头颤，　　闭目不语天何言。

字字心血声声唤，　　情真意切劝良贤。

娑婆世界苦无边，　　茫茫业海浊浪险。

时空运行新时段，　　天机运转新纪元。

勿等勿靠勿求天，　　看破放下显真原。

本来面目无垢染，　　真我灵性佛一般。

破除妄执不贪恋，　　不住于相不动转。

龙腾风云凤舞天，　　自性妙明照大千。

洗去尘染明珠现，　　放下系缚佛性圆。

应运应劫行大愿，　　菩提树下了尘缘。

修心修行勤修炼，　　净化升华登高天。

救人度人使命担，　　圆满使命回家园。

建功立业功果满，　　光明金身莲台站。

宙心老祖欣慰欢，　　虚空〇师笑抚髯。

抚今追昔无穷叹，　　继往开来新地天。

妙哉妙哉妙难言，　　一段神话万古传！

2012-01-06　　10:48:31

亿灵暖

一年一年又一年，

花开花落无常演。

漫天飞雪舞人间，

戒杀天寒亿灵暖。

2012-01-21　　21:11:48

172

勤劝勉

一年一年又一年，
五浊恶世轮回演。
好生之德天道善，
戒杀戒杀勤劝勉。
2012-01-21　21:17:49

德之善

一年一年又一年，
因缘果报规律演，
冤冤相报环无端，
好生之德德之善。
2012-01-21　21:20:23

三界安

一年一年又一年，
清静无为大道演。
无私无欲合自然，
天地人合三界安。
2012-01-21　21:23:58

菩提愿

一年一年又一年，
无我无为正法演。
顺道而行任自然，
普济亿灵菩提愿。
2012-01-21　21:28:11

转泥丸

一年一年又一年，
阅尽银河风浪翻。
阴阳平衡宇宙玄，
笑看地球转泥丸。
2012-01-21　21:31:40

一场幻

一年一年又一年，
天河浩渺空行船。
跳出宇宙观大千，
一场大戏一场幻。
2012-01-21　21:35:37

心归心

顺道而行法空灵，
无我无为本清净。
大道自然规律冥，
自在寂静心归心。
2012-01-22　23:15:20

升升升

道法光爱升空〇，
无上真言付汝心。
穿时越空照低频，
相应持诵升升升！
2012-01-22　23:21:50

174

万法畅

天地激荡宇宙光，
浊气下降清气扬。
阴阳调整云雷荡，
圆融无碍万法畅。
2012-01-22　23:37:54

演空灵

西行弘法步轻盈，
悄无声息恐惊人。
行云流水摄红尘，
歌舞升平演空灵。
2012-01-28　16:20:26

再标名

正月十五普天庆，
彩灯焰火星光映。
万载千秋觉有情，
千磨万考再标名。
2012-02-05　22:43:01

跳出云

元宵佳节倍思亲，
千般轮转历红尘。
转悲为喜老泪尽，
笑看明珠跳出云。
2012-02-05　22:49:25

不思议

上元月明观舍利，
燃灯敬佛照心地。
回光返照默不语，
原来菩提不思议。
2012-02-05　23:00:15

源空〇

不同不同大不同，
法号虽简密无穷。
二字四字注宇能，
至清净妙源空〇。
2012-02-05　23:28:27

因果明

如是十问问汝心，　心不至诚不标名。
正法邪法汝验证，　明师邪师尔认清。
邪师邪法速离身，　明师正法诚亲近。
谨慎谨慎再谨慎，　法身慧命无量珍。
佛子明智做决定，　拜师赐号因果明。
2012-02-06　11:19:49

清波寂

玉宇飞雪连天地，
春来料峭人嘘唏。
远眺贤岭松风疾，
近听浉水清波寂。
2012-02-09　14:56:44，　即兴赋诗一首。

菩提路

壬辰春雪洒秽土，
万籁俱寂寒入骨。
手触大地问讯汝，
赤足不离菩提路。
2012-02-09　15:15:09
即兴赋诗一首。

心如如

手捧落雪须臾无，
蓦然回首已万古。
沧海桑田转身处，
无常无我心如如。
2012-02-09　15:29:00
即兴赋诗一首。

情至真

妙哉妙哉至真情，　大慈大悲不沉沦。
至亲至爱至纯净，　无我无欲无私心。
若问此情当何名，　此情在心不在身。
此情不在身亲近，　亿灵本来同法身。
此情不在欲中行，　情欲不除陷沉沦。
此情绵绵期无尽，　诸佛菩萨度家亲。
苦海慈舟行不停，　倒驾慈航唤亲人。
佛子若问何为情，　大慈大悲情至真。
2012-02-14　08:37:23

177

寂无息

大哉行者行天地，
星汉灿烂谱心曲。
以身演道化痴迷，
度脱亿灵寂无息。
2012-02-17　08:44:08

宇宙行

宇宙行者宇宙行，
穿时越空演空灵。
净化升华协同频，
运行主题升升升。
2012-02-17　08:51:54

天地行

天地行者天地行，
通天彻地演空灵。
天地人合复同心，
阴阳主题升升升。
2012-02-17　08:54:49

大道行

大道行者大道行，
清净自然演空灵。
阴阳平衡无为净，
六道主题升升升。
2012-02-17　08:57:31

正法行

正法行者正法行,
无我无为演空灵。
菩提一枝归心净,
空门主题升升升。
2012-02-17　09:01:59

规律行

规律行者规律行,
顺应规律演空灵。
真谛真理觉心明,
历史主题升升升。
2012-02-17　09:05:53

法则行

法则行者法则行,
中规中矩演空灵。
合规合距万物生,
万法主题升升升。
2012-02-17　09:09:11

科学行

科学行者科学行,
本质规律演空灵。
客观主观圆融心,
发展主题升升升。
2012-02-17　09:13:26

慈悲行

慈悲行者慈悲行，
同心同体演空灵。
同根同源一家亲，
回归主题升升升。
2012-02-17　09:17:09

透心凉

缘聚缘散本无常，
散罢学子坐空堂。
无事抚髯沐春阳，
春寒料峭透心凉。
2012-02-25　23:20:30

三千丈

数年寒暑不觉往，
今日回首已沧桑。
瑶台明镜观吾相，
已然白发三千丈。
2012-02-25　23:28:24

两无碍

佛弟佛子佛血脉，
一脉相传灵骨在。
弹指轻击啸天外，
不若归去两无碍。
2012-02-25　23:38:28

隐身去

人心人心何其愚，
慈悲救度汝不惜。
不惜不惜说无益，
天地不言隐身去。
2012-03-05　08:53:37

莫蹉跎

谁缚谁解脱，
来此为何若。
云台仗剑客，
直取莫蹉跎。
2012-03-01　08:33:01

照夜幕

秽土五浊灵难度，
五欲六尘颠倒苦。
血泪业海重重缚，
心灯盏盏照夜幕。
2012-04-10　08:48:55

运须弥

安安心心学太极，
大家小家皆欢喜。
清净无为守法纪，
和谐稳定运须弥。
2012-04-10　20:33:13

在玉壶

回忆往昔苦，
心颤汗毛竖。
历劫菩提路，
丹心在玉壶。
2012-04-13　09:05:02

金身显

天榜巍巍金光灿，
因果昭昭愿行感。
积功累德神佛赞，
一步一升金身显。
2012-04-20　23:58:14

在心地

星汉灿烂照万宇，
千回百转归家去。
佛子细观法号义，
不在旁地在心地。
2012-06-12

空嗟叹

南海踏浪浪铺天，
红林观海海不蓝。
海天一色皆茫然，
一腔豪情空嗟叹。
2012-10-10　00:03:22

清莲乡

鸟语花香耕耘忙，
神清气爽洒心光。
遥望素贴双龙翔，
风水宝地清莲乡。
2013-03-28　17:56:58

唤归乡

清莲乡里清莲香，
会仙树下聚龙象。
一曲阳春弹指唱，
一声狮吼唤归乡。
2013-03-28　18:06:23

开心窗

狮吼一声唤归乡，
舍利宝塔万丈光。
释迦灵骨何处藏，
清风徐来开心窗。
2013-03-28　18:13:45

济亿灵

明觉空灵大愿行，
五浊仗剑度痴冥。
般若锋兮重若轻，
荷担家业济亿灵。
2013-03-29　09:34:23

来去匆

莲花山秀草木荣，
仙湖水美万象空。
暂停云步观潮涌，
暴风骤雨来去匆。
2013-05-24　07:51:54

是何年

遥望梧桐云雾旋，
近看京基气宇轩。
繁华梦幻如是观，
莫问今昔是何年。
2013-05-25　06:54:45

游星河

花开花谢品秋色，
叶落归根天地阔。
风雨激荡万丈波，
一叶轻舟游星河。
2013-10-10　17:11:45

天下秋

烟波浩渺十方游，
不觉寒霜染鬓头。
拈来落叶鼻前嗅，
一叶便知天下秋。
2013-10-10　17:28:31

光光融

对号入座古来同，
无名无位终是空。
灵山海会神佛众，
功德无量光光融。
2013-10-10　23:12:31

步步升

灵山赴会大海众，
有名有位累劫功。
佩光带霞入云城，
莲花朵朵步步升。
2013-10-10　23:30:16

细细品

天河无波演空灵，
苦海泛舟舟难行。
浊浪滔天步不停，
心香瓣瓣细细品。
2013-10-10　23:47:52

笑天河

考验磨难炼神佛，
如琢如磨如切磋。
九九归真莲浴火，
逍遥自在笑天河。
2013-10-11　09:33:20

笑娑婆

千锤百炼六般若，
如琢如磨如切磋。
脱胎换骨证无我，
放下自在笑娑婆。
2013-10-11　09:52:55

笑大罗

清静无为修道德，
如琢如磨如切磋。
返朴归真三才合，
平衡自在笑大罗。
2013-10-11　10:17:56

游天渊

抬头观天天不远，
天高重重在心间。
无我无为空大千，
自在无碍游天渊。
2013-10-12　11:58:21

皆走遍

俯首察地地无言，
地厚层层在心间。
普济亿灵爱大千，
四洋七洲皆走遍。
2013-10-12　12:15:04

归圆满

遥观宙心宙心灿，
光明无边寿无边。
顺道而行同频转，
平衡自然归圆满。
2013-10-12　12:23:08

谱星汉

观天察地规律演，
一壶清茶指轻弹。
造福苍生行大愿，
十方游化谱星汉。
2013-10-12　13:42:38

放浩歌

智能中心层层波，
波波脉脉透星河。
正诚善净同频合，
灵感如潮放浩歌。
2013-10-13　11:28:03

天地阔

宇宙能量层层波，
波波脉脉透星河。
正诚善净同频合，
能量无量天地阔。
2013-10-13　11:57:23

天机彻

宇宙信息层层波，
波波脉脉透星河。
正诚善净同频合，
信息无量天机彻。
2013-10-131　2:02:02

了然默

宇宙密码层层波，
波波脉脉透星河。
正诚善净同频合，
密码无量了然默。
2013-10-13　12:04:19

大道直

九九归真重阳日，
群贤毕至展英姿。
龙乘风云虎生翅，
心心相应大道直。
2013-10-13　12:46:18

早回还

一杯菊茶敬九天，
天高九重不胜寒。
儿女绕膝今不见，
期盼英贤早回还。
2013-10-13　13:06:00

哪有汝

一杯菊茶敬后土，
地厚渊深亿灵怙。
满目苍夷今不古，
无有地母哪有汝？
2013-10-13　14:58:16

归净土

一杯菊茶敬父母，
父母恩重万劫苦。
出离轮回今不复，
阖家欢乐归净土。
2013-10-13　15:19:45

依佛说

一杯菊茶敬释佛，
创教说法演般若。
道风日下今没落，
正本清源依佛说。
2013-10-13　15:43:21

济亿灵

一杯菊茶敬众生，
众生恩重万劫情。
看破放下自在行，
同心携手济亿灵。
2013-10-13　16:36:51

渡劫波

一杯菊茶敬王者，
君明臣贤民安乐。
舍离五欲不堕落，
同心同德渡劫波。
2013-10-13　17:12:25

不参禅

百花竞放百花园，
亿万霞彩照大千。
闲庭信步举目观，
拈花一笑不参禅。
2013-11-23　23:05:59

总关情

千重雾霾千重景，
激流涌动寂无声。
雷霆万钧重若轻，
一枝一叶总关情。
2013-12-26　21:00:52

守道场

六赴灵山六还乡，
虽无衣锦也荣光。
问讯世尊可无恙？
灵鹫依然守道场。
2013-12-26　21:23:14

演道忙

六赴灵山六还乡，
虽无七宝也供养。
问讯如来可无恙？
花开花落演道忙。
2013-12-26　21:29:40

无量光

六赴灵山六还乡，
虽无功德也登场。
问讯佛祖可无恙？
抚髯一笑无量光。
2013-12-26　21:36:34

大风扬

六赴灵山六还乡，
虽无名闻也风光。
问讯佛陀可无恙？
莲香无需大风扬。
2013-12-26　21:46:36

游十方

六赴灵山六还乡，
虽无利养也舒畅。
问讯应供可无恙？
三衣一钵游十方。
2013-12-26　21:57:56

照十方

六赴灵山六还乡，
虽无仪仗也排场。
问讯善逝可无恙？
一盏青灯照十方。
2013-12-26　22:14:26

不离天

灵山七会七回还，
容颜虽改心未变，
为何乐此不疲烦？
斗转星移不离天。
2013-12-27　21:18:25

洒尘寰

灵山七会七回还，
服饰虽改心未变，
为何乐此不疲烦？
一片丹心洒尘寰。
2013-12-27 21:24:00

达本源

灵山七会七回还，
音声虽改心未变。
为何乐此不疲烦？
认祖归宗达本源。
2013-12-27 21:34:52

随缘现

灵山七会七回还，
身相虽改心未变。
为何乐此不疲烦？
与时俱进随缘现。
2013-12-27 21:44:56

随因缘

灵山七会七回还，
示现虽改心未变。
为何乐此不疲烦？
法运运行随因缘。
2013-12-27　21:50:07

规律演

灵山七会七回还，
语言虽改心未变。
为何乐此不疲烦？
宇宙道法规律演。
2013-12-27　21:58:50

归宙源

灵山七会七回还，
万缘虽改心未变。
为何乐此不疲烦？
普济亿灵归宙源。
2013-12-27　22:13:10

新加坡弟子: 察允荣 (from Singapore)

如新加坡弟子察允荣-弟子感恩师父用最簡潔、最直白、最明晰的語新 加坡弟言分享宇宙規律。師父常說: 一切皆有因果, 一切皆有因緣, 一 切皆有機緣, 一切皆有天意。明師幫助我們開啟智慧, 弟子今生今世一 定要成就金身正果, 回心向善, 回心向佛, 返本還原。感恩 Osifu 佛菩 薩分享開示。頂禮師父, 感恩師父慈悲教誨。阿彌陀佛。

臺灣弟子: 黎旭成 (from Taiwan)

在浩瀚的宇宙中, 生命到底何去何從? 顯然這問題困惑了在地球上的我 們, 但是, 宇宙的行者 Osifu 師父卻為我們指出了方向, 感恩 Osifu 師父的教導, 地球有您真好, 宇宙中有您真好!

迪拜弟子: Ocindy (from Dubai)

從小我就在問自己: 我是誰? 我爲什麼來到地球? 我來到地球的意義是 什麼? 慢慢長大后, 開始接觸佛法, 發願要救度一切億靈脫離苦海。當 時內心非常渴望有一位師父來指引, 很慶倖, 我找到了 Osifu, 才逐漸 明白很多自己都不明白的來自內心深處的想法。Osifu 告訴我們來到地 球的意義就是幫助更多的眾生覺醒, 只有人類的共同覺醒才能換來地球 更好的可持續發展, 地球也才能順應宇宙整體的運行淨化昇華。最後只 想用一句話概括: 無論您的內心想知道什麼, OSIFU 這部書里都可以告 訴您!

美国弟子: Tim Birchard, M.Ed (from USA)

I am filled with gratitude for the opportunity to share a testimonial in support of the teachings of spiritual master Osifu. Here is my humble yet sincere attempt to express my gratitude for Osifu's teachings. Osifu is a master whose guidance continues to touch me on a profound level. Free of religious bias, the teachings of Osifu are at once timeless and powerfully relevant to the struggles of life in Western contemporary society. A flash of lightning piercing the darkness of ignorance, Osifu calls me to awaken and to comply with the laws of the universe in daily life. Just as I regularly rely upon the wisdom of the venerable Thich

Nhat Hanh, so do I turn to spiritual master Osifu as a fearless source of strength, compassion, and love.

--TimBirchard,M.Ed.

Durango,Colorado,USA"

台灣弟子: 林宜蓁 (from Taiwan)

尊貴慈愛的師父:

我想回家!

承蒙您的願力,

光愛普照十方,

法音宣流遍虛空,

我的心聽見您的呼喚,

我的心感悟您的真心真情真愛法語,

隨著心迫不急待的尋找您,

真好!

我找到了您! 我找了家人們!

我回來了!

此時此刻我的靈魂靜而喜悅,

此時此刻我的靈魂自在輕安,

此時此刻我的靈魂歸屬安住.

讚歎師父慈誨利益一切眾生,

感恩師父不辭辛勞救拔眾生,

祈願宇宙祥和天下太平安康.

台灣弟子: 林宜蓁合十

美国弟子:妙慈 (from USA)

I have been reading teachings from Osifu for two and half years. To me, Osifu is the best Master. Osifu's Dharma words, Osifu's compassion and Osifu's wisdom are the best medicine for cleaning one's spirit.

Living in this world, our souls are as dirty as the little muddy pig. With his great love and compassion, Osifu woke up our wonderful true heart.

With his positive energy, information and codes, Osifu is cleaning us up and teaching us right and wrong. Osifu taught us to live on the right way, do the right thing and keep our heart pure, sincere, kind and righteous to respond with the Buddha.

Getting close to Osifu is the start to clean up our souls;

Getting close to Osifu is the start to cure our souls;

Getting close to Osifu is the start of our new life;

Getting close to Osifu brought forth our resolves;

Getting close to Osifu, we started to practice in the way of Bodhissatva;

Getting close to Osifu, we opened up our eyes;

Getting close to Osifu, we put the earth in our heart;

Getting close to Osifu, we look at things from the universe point of view;

Getting close to Osifu, we start to hold all living beings in to our heart;

Getting close to Osifu, we started to detach ourselves from the matarial world;

Getting close to Osifu, we started to reduce annoyance;

Getting close to Osifu, we start to share the same heart and same Vows with Osifu;

Getting close to Osifu, we are like the children who find their parents;

Our souls find the home to stay;

Our souls are no longer wandering;

Our souls find the light;

Our souls find the direction to home.

Getting close to Osifu, we transform to pure lot us flowers in the secularworld, sending out light and love and fragrance.

Thank Osifu for bringing light to the secular world;

Thank Osifu for broadcasting light and love to this world;

Thank Osifu for rescuing sentient beings to return to home.

Pay homage to Osifu!

Thanks Osifu!

O Nancy, Brownstown, Mi 48183

fanghui999@hotmail.com

7347723660

Brownstown, Michigan

10/01/2013

馬來西亞代表楷承: (from Malaysia)

當學生準備了，老師就會出現。遇到0師父，就讓楷承想到這句話。在還沒有遇到，在夢中好想見過了。當天遇見時，第一感覺，站在面前的好像那裡見過。呵呵

老師的教導，實在讓楷承明白和找回最初的心。南無宇宙行者。

香港代表: 明蓮 (from HongKong)

這兩三年來，因為家母生了重病，還有家裡一些變故，使我走向了學佛之路。我在極度無助的情況下，只有到處求救，不但被"高人"騙財，事情也未能解決。

自從拜讀了 Osifu 的法語開示並得到 Osifu 的教導後，我的心門漸漸開 啟，智慧漸增，心也有了依怙。雖然我與 Osifu 並沒有經常溝通，可是 我依着 Osifu 的教誨，一步步的通透，一關關的通過，一點點的成熟。 Osifu 的四句話使我通透了所有的難關：

一切都有因果
一切都有因緣
一切都有機緣
一切都有天意

既然是這樣，那麼只有各人因果隨業報；對待身邊的親人，我會盡心盡 力積功累德回向他們；機緣到了人人都能成就；天意的安排我順應必能 通透。

今生得遇 Osifu 是我最大的福報，我定當遵從 Osifu 的教誨：無我無為， 順道而行；造福苔生， 普濟億靈， 隨緣自在， 圓滿回歸。

上海弟子: 圓智 (from Shanghai)

粗粗算来，随波流，本人信佛十年有余。十几年来，为求人间福报，去寺庙烧香拜佛， 懵懵懂懂……

细细品想，心引路， 弟子见师一年余几。灵山五会， 开启心灵之窗，随 师父修炼云游， 方知使命……

无上感恩o师父！

中国弟子：智诚 (from China)

早在两年前的 2011 年春季的一个晚上，有幸从网上读到了师父的偈语 和开示。师父的法语甘露像醍醐灌顶一样，让我欣喜敬仰。师父的开示 像一座光芒耀眼的灯塔照亮回归之路。师父的话语有着神奇的力量，它 唤醒了我的心，驱动着我去追随这样一位大智大觉的伟大导师。后来， 有幸亲近师父，当面聆听师父教诲，更加直接地感受到师父无尽的慈悲， 无上的般若智慧。师父的话语扣人心弦，震耳发聩，每位听法者都觉得 师父针对自己而讲。切中要害，当即受用。

在师父的慈悲教诲下，弟子渐渐明白了——师父是来接我们回家的。我 们的老家在宙心，那是一片光的海洋，那是极乐的净土。所有的生灵都 是一体的， 都是亲人。有些亲人因执著造业，损失了能量，堕落到了低 维时空，在那里饱受痛苦的煎熬。高维次觉悟的高智能的亲人从未放弃 过对他们的救度，他们以各种方式唤醒低维次的亲人回心向善，回心向 佛，净行修炼，觉醒回归。在当前这种特殊的时空下，师父来到了地球， 弘扬宇宙规律，慈悲救度亿灵回归家园。师父在唤醒、加持、指点、无 尽的呵护着每一位迷途的孩子。师父呼唤更多的领有使命之人到位担纲 使命，无我奉献。师父的足迹踏遍全球各地，救度无形有形众生，为他 们加持能量，清洗净化，修复灵元，超度他们往生善处。师父的众多弟 子在师父的加持指导下，开始了灵性之旅，释放出如潮的灵感和慈悲的 光爱。天字、天语、天歌、天舞、偈语和灵感文都是师兄们打开心门， 佛性自宣流所展现的心灵艺术品。出自真心， 为了唤醒真心。

师父经常苦口婆心的叮嘱，为培养出更多力行菩萨道的活菩萨煞费苦 心。经常讲法开示到深夜，嗓子积劳成疾。师父是用生命在奉献，在撒 播心血舍利。师父平等地关爱每一位弟子有缘人，不离不弃。师父的慈 悲大爱唤醒了我，让我受益匪浅。也让我找到了自己应该承担的使命。 把师父的法音传播全球，让更多的人觉醒觉悟，让更多的人同沾法益， 让更多的人明白师父对我们是多么的重要，承担使命普济亿灵是多么的 刻不容缓。大救度是宇宙间最大的公益事业，召唤更多的亲人觉醒、奉献、净化、回归。

师父不辞辛劳遍洒光爱，宣讲妙法，以身演道让弟子惭愧不已。师恩深重，难以回报，只有精进修行，无我奉献，广度有缘，护持师父，助师兴道。在此五浊恶世，关爱地球，弘扬宇宙规律，传播正能量，给大众正确的指引。唯与师同心，与师同频，净化提升，生生世世发菩提心，度灵归〇方能报师恩。虚空有尽，吾愿无尽。誓行菩萨道，誓度亿灵归。无尽感恩师父！南无无上之〇！南无宇宙行者！南无〇师父！

中国弟子：李淑琴 (from China)

2013年9月27日灵性诉说：灵性世界幻化多姿多彩•谦虚和慈悲是每位灵性世界众生的姿态•灵性世界的生活•灵性世界的语言地球人是不会懂的。只有拿佛经意成白话•传达给人类•来拯救地球•佛经它是永恒性的，不会随着时代变迁而改变。•师父用灵性无上的智慧给，不同法界众生以一种音声而说法•有形无形众生随类各得解脱。师父为我们所开示的话•我们定当珍惜•我们一定要从谦虚•恭敬的态度去体悟师父话的含义•切不可错失，此时空点来之不易的师父•及开示•师父的文字很珍贵。聚有高维次空间的能量与密意，慈悲的师父能为人类留下文字在地球•让后人能去品读•救度未来众生•师父悲悯众生呀！0师父一书•是宇宙奥秘的财富•是我们地球人类的财富。所以我们要有智慧来领悟师父的心•师父的行。我们要深入思索•师父为什么生活要那么简单•简洁•不要奢华•因为师父不忍浪费地球上的每一滴能源•地球以被人类浪费的超负合了。师父看到世界笼罩在灾气当中•无形难以解脱•有形还在堕落•师父为地球，为人类忧心忡忡，彻夜难眠。无形知！有形可知？？？地球人类把大自然破坏了•把水都污染了•把山都挖空了，一切的一切•••太湖女神忧悲哭泣的和我说：江河湖海的水被污浊了•海里众生难以生存，湖水不干净•人类要遭殃了•人类有句话叫•靠山吃山•靠水吃水•但他们不懂珍惜•一在的破坏•太可惜了。其结果山神水神各种神祇就惩罚人类•下大雨泥石流•把整座山庄都给淹没掉•而且将来会没水•人类会被渴死•这就是因•以后将结果•这也是报应•人类要遵循自然界的规律，人类要反思呀！无量劫来人类造业太多•师父悲悯六道众生•往返于娑婆•用无上的智慧开启人类的心灵•赐给众生解脱方法•让我们真心忏悔•化解我们的共业•冤业。师父用高层次的生命来运转地球•所以诸天龙神才围绕上空•隐身听令护持.师父所到之处才能平安•吉祥•众生心就能平静下来。不知我们有没有觉悟到师父的苦心•师父处处点化我们•让我们成长•我为什么今天要和师兄们说这些呢！因为我听到无形众生他们很悲痛的说：以后此世再也不会出现这种高智能弘法救度者了•众生福报越来越少了•我们要请师父长久住世呀•我们没有生命•我们若有•愿把生命供养给师父•请师父长久住世•常转法轮•度众离苦•我听到此以泪流满面•泣不成声•我当即观想•我愿把我的生命供养师父•请师长久住世—弘法利生•请佛菩萨成全我•••弟子带六道众生顶礼师父•感恩师父救度之恩•我们要珍惜与师父在一起的分分秒秒•••我们要在娑婆污泥中作一朵人间莲花•也不枉师父来人间救度我们一回•让我们随师父皆手带众同登彼岸•此时的心好难过呀！！感恩师父•感恩龙天护法•感恩众师兄•回向•愿消三障诸烦恼•愿得智慧真明了•普愿罪障悉消除•世世常行菩萨道。南无阿弥陀佛。南无阿弥陀佛。南无阿弥陀佛。

中国弟子： Obert

生命来自何方？生命去往何处？生命的终极意义是什么？什么是究竟圆满的终极归宿？在历经了无数人生坎坷之后， 这些问题一直困扰着我， 有一种强大的力量在引导着我去努力寻找这些问题的答案。2011年3月初， 弟子在网上找到了Osifu， Osifu每一次充满无尽智慧的开示， 都深深的吸引着我！这些问题都找到了最完美无瑕的答案。从Osifu的开示中我感受到无尽的智慧与慈悲大爱， 从此我的心找到了永恒的依止和归宿， 从那时起意识到自己的生命再也无法和Osifu分开。大救度！大同修！大回归！无我无为， 顺道而行！造福苍生， 普济亿灵！圆满宇宙！不遗一灵！承担使命！圆满回归！这些充满正能量正信息正密码的关键词， 深深的震撼着我的心！我也是有使命的吗？我可以承担使命吗？我能做些什么奉献？我也要圆满回归！真心告诉我：去追随Osifu！承担自己的使命， 造福苍生， 普济亿灵！从此以后开始逐步持戒、修心、修行、修炼， 到净化提升、觉醒明觉、通透放下、承担使命、顺道而行！在Osifu的慈悲大爱指引下， 我从一个碌碌无为普通的社会职员逐步成长起来， 在为大救度， 为造福苍生， 普济亿灵而奉献着自己的光和爱， 走在圆满回归的路上！弟子将会永远追随Osifu， 弘扬Osifu的无上教法， 一起为圆满宇宙而无私奉献。投身到大救度中， 觉而力行承担使命！引导众生遵循宇宙规律， 遵循自然法则， 顺应科学！回心向善， 回心向佛！为救度苦海众生走上回归之路究竟解脱而鞠躬尽瘁， 死而后已！
无尽顶礼Osifu！感恩Osifu慈悲救度！

净心慧莲 (from Thailand)

在幼小的记忆里，我知道自己是从很远很远的地方而来，可是不知道自己为何而来？来做什么？看到父母辈日日辛劳过日子很是不解，难倒我也要这样碌碌过一生？想想就不寒而栗，我想知道我长大了是什么样，我死了之后去哪？我不想做孤魂野鬼四处飘荡。

在孤独中思索、彷徨，虽然学业顺利、工作顺利、人生也算顺利，但并不高兴，我想我的人生应该与众不同，可哪里又是我的归宿？孤傲的性格对世俗的信仰不屑一顾，认为那些迷信根本不能为我解开疑惑。真正的信仰是智慧的，是能帮助自己和他人破迷开悟、离苦得乐、究竟解脱的。

能结缘到Osifu，是我莫大的幸福！初次拜见Osifu，在他强大的慈悲、智慧、光明、爱的能量场里，我的心从未有过的平静、踏实、自然、祥和，整个人的精神有了依止和归宿。在Osifu的引导下，听经闻法开始修心修行修炼。我从一个无知无畏者开始修正错误的知见习气，被医生断为不可能好的疾病在修炼中康复了。

跟随Osifu，我除了失去疾病和烦恼外没有失去任何东西，却得到了太多太多的珍宝财富。"我以我血荐轩辕，肝胆相照两昆仑"我的心灵 认可感恩崇敬Osifu。

亲近Osifu，不是用眼睛看、耳朵听，而是要用心，用真心感应；用正心、诚心、善心、净心，去相应；亲近Osifu，越来越明白自己的使命！

亲近Osifu，越来越体悟到大救度的含义！

跟随Osifu，虽有过沐风栉雨，弟子道心坚固永恒；

跟随Osifu，愚笨顽石也被点化成金；

跟随Osifu，弟子见证了太多太多的神话神奇不可思议；

跟随Osifu，弘扬宇宙规律，善导众生回心向善、回心向佛、觉醒觉悟、回归宙心直至圆满；

追随Osifu，弟子累生累世绝不背离！

亲近跟随Osifu，你、我、TA，都会脱胎换骨、开启无尽宝藏、恢复往 昔华彩！

期待着亲爱的家人亲人们，一起见证神奇不可思议！

顶礼宇宙行者！无尽感恩祝福Osifu！

感恩师父！顶礼师父！
2013-10-10 07:36:19
Olive于THAI

普明（from China）

孤雁，　在大漠中独自飞旋
他渴望寻找到生命的归宿点
那正法的润泽，　犹如这荒漠中珍贵的水源滋
养了心灵，　也滋润了我们的法身慧命
一座灯塔，　宇宙的领航
我们渴望归天，　回归到那爱的家园
我们来了，　来到了地球，　来到了娑婆！
真心幸运的遇到了您！
我们的"大家长"，　○师父！
带着家人的嘱咐，　与亲人的希望
几多的轮转，　几多的苦海受坎
真心渴望出离六道轮回
在师父的引领下，　踏上那正觉的殿堂
师父的真言，　佛陀的教化
让困顿冥顽的心，　受益匪浅
真心渐渐发现了，　宇宙的璀璨，　太阳的光芒
"有师父的地方，　就会充满阳光"
我们的心，　是一朵朵永恒的向日葵
我们坚信：有阳光的地方，　就会有希望！
宇宙的爱，　在哺育着地球，　在滋润着宇宙的灵子
心灵依偎在宇宙怀抱中
温暖，　温馨！那熟悉的"缘"，　触动着心灵
那觉醒的泪，　在不觉的流淌。
那至亲至暖的○！○之能量、信息、密码
那博爱，　慈悲，　高尚的修为与觉悟
真心犹如见到了生命新的希望
真灵坚定了心的方向，　与标航！
爱宇宙的慈悲，　○师父！
○！在驾起一只天地舟航！
行驶风浪历尽沧桑
潮头而立，　运势天地辉煌
只为寻得有缘！寻得你...
我们一同出离轮回、圆满归天！

真心感受到了，　〇师父的爱，　这不同以往！
真心明觉到了，　〇师父的慈悲，　这不同寻常！
一颗颗赤诚的心灵！一盏盏心的灵光！
都是〇师父爱的使者！
严守师令，　行施这天地的浩然！正义！
〇师父在破除屏障，　尽心尽力
努力巡游架起一座座通天的桥梁
觉醒的众生
会踏上这条光明大道
因为他们一直在等待，　一直在呐喊着
他们渴望被〇之法船救度
他们渴望得到〇之光爱的照射！
他们一直在等待着，　等待着这样一次难得的机缘
宇宙的光明在把众生照亮！
我们在把爱传递
传递到，　需要爱，　觉悟爱，　回归于爱的每一个地方
拿起心的火把
学着照亮，　照亮到地球的每一寸容光
心与心传递出梦想
帮助，　人类，　地球以及各个国家
变得和平，　清新，　平衡
与〇师父
一起勇猛直前
一路上与众缘携起手
圆满使命，　圆满归航！
感恩〇师父的救度！
感恩佛菩萨的慈悲！
感恩天地神祇的护持！
感恩天地万物
感恩万有生灵
2013-11-17 8:33

功德回向

愿以此功德　　庄严佛净土
上报四重恩　　下济三途苦
若有见闻者　　悉发菩提心
尽此一报身　　同生极乐国

南无阿弥陀佛
南无阿弥陀佛
南无阿弥陀佛

愿以此功德回向给 OSIFU

愿 OSIFU 十大愿，　愿愿圆满，　众灵皆归〇。

愿：宇宙祥和，　天下太平。
　　国泰民安，　风调雨顺。